Bitcoin

Enthüllen Sie die Geheimnisse von Bitcoin: Eine Schritt-für-Schritt-Reise in die Welt der Kryptowährung

Katja Richter

Inhaltsverzeichnis

Einführung

Willkommen bei „Bitcoin: Die Geheimnisse von Bitcoin enthüllen: Eine Schritt-für-Schritt-Reise in die Welt der Kryptowährung." Dieses EBook ist Ihr umfassender Leitfaden zum Verständnis von Bitcoin und der bahnbrechenden Technologie, die ihm zugrunde liegt, egal ob Sie ein erfahrener Investor, ein Technik-Enthusiast oder einfach nur ein neugieriger Geist sind, der bereit ist, neue Horizonte zu erkunden.

Bitcoin. Es ist nicht nur ein trendiges Wort. Seit ihrer Einführung im Jahr 2009 hat diese digitale Währung kontinuierlich mediale Aufmerksamkeit erregt, Konventionen in Frage gestellt und weltweit hitzige Debatten ausgelöst. Andere halten es für die Richtung des Finanzwesens, während andere es für eine Spekulationsblase halten. Allerdings empfinden viele Menschen Bitcoin und die Idee der Kryptowährungen immer noch als mysteriös und beunruhigend.

Dieses E-Book zielt darauf ab, Bitcoin zu entmystifizieren, indem es es auf seine Kernideen herunter bricht und Ihr Verständnis buchstäblich von Grund auf neu erschafft. Von den Grundlagen der Dezentralisierung und Kryptographie bis hin zum Betrieb der Blockchain-Technologie und dem Bitcoin-Mining werden Sie alles erfahren. Wir werden die rechtlichen und regulatorischen Auswirkungen untersuchen, die Verfahren zum Kauf und Verkauf von Bitcoin untersuchen und Bitcoin mit anderen bekannten Kryptowährungen vergleichen.

Auf dieser Schritt-für-Schritt-Reise erfahren Sie außerdem nützliche Tipps und Anleitungen für die Interaktion mit Bitcoin, sei es beim Erstellen Ihrer ersten digitalen Geldbörse oder beim Verstehen von Handelstechniken. Wir werden praktische Anwendungen, Erfolgsgeschichten und sogar die Einwände und Skepsis gegenüber Bitcoin durchgehen.

Dieses EBook ist jedoch ein Aufruf zum fundierten Handeln und nicht nur eine akademische Übung. Indem wir die Geheimnisse von Bitcoin entdecken, können wir neue Türen für wirtschaftliche Stärkung, Investitionen und Kreativität öffnen. Das Verständnis von Bitcoin könnte der Schlüssel zum Überleben und zum Wohlstand im digitalen Zeitalter sein, da wir am Abgrund einer Finanzrevolution stehen.

Sind Sie also bereit, diese Reise anzutreten? Wenn ja, erkunden wir die digitalen Bereiche dieser faszinierenden und sich ständig weiterentwickelnden Technologie, indem wir in die Welt von Bitcoin und Kryptowährungen eintauchen.

Kapitel I: Was ist Bitcoin?

Die Definition von Bitcoin

In der heutigen Zeit weit verbreiteter digitaler Interaktion ist der Begriff „Bitcoin" praktisch unvermeidlich. Um jedoch ein vollständiges Verständnis von Bitcoin zu erlangen, muss man tiefer als die oberflächliche Ebene der herkömmlichen Weisheit vordringen und seine charakteristischen Merkmale, seine Ursprünge und den Paradigmenwechsel untersuchen, den es in unserem Verständnis dessen ausgelöst hat, was die Kategorie „ Währung." Dieser Abschnitt bietet eine umfassende Untersuchung der Definition von Bitcoin sowie seiner besonderen Merkmale und der Technologie, die dieser bahnbrechenden digitalen Währung zugrunde liegt.

Im Grunde kann Bitcoin als eine Form einer digitalen bzw. virtuellen Währung verstanden werden. Diese Art von Währung wird auch als Kryptowährung bezeichnet. Bitcoin existiert im Gegensatz zu herkömmlichen Währungen wie dem Dollar oder dem Euro nicht in physischer Form. Der einzige Ort, an dem es zu finden ist, liegt im Bereich der digitalen Technologie. Bitcoin ist eine digitale Währung, die erstmals 2009 der Welt zugänglich gemacht wurde. Sie wurde von einer mysteriösen Person oder Organisation entwickelt, die das Pseudonym Satoshi Nakamoto verwendete. Bitcoin ist ein dezentrales elektronisches Peer-to-Peer-Zahlungssystem, das unabhängig von einer zentralen Behörde funktioniert.

Die Tatsache, dass Bitcoin ohne eine zentrale Autorität funktioniert, ist eines seiner charakteristischen Merkmale. Zentralbanken oder andere staatlich geförderte Organisationen sind für die Ausgabe und Regulierung traditioneller Währungen verantwortlich. Andererseits gibt es keine zentrale Behörde, die Bitcoin-Transaktionen kontrolliert. Mit Bitcoin durchgeführte Transaktionen werden an jedem Knoten im Netzwerk einer kryptografischen Analyse unterzogen, bevor sie einem öffentlichen Hauptbuch, einer sogenannten Blockchain, hinzugefügt werden. Die Abschaffung einer zentralisierten Behörde hat eine Reihe von Auswirkungen, von denen die wichtigsten darin bestehen, dass die Benutzer ihre Privatsphäre besser wahren

können,
dass die mit der Durchführung von Transaktionen verbundenen Kosten sinken und dass es zu einem möglichen Widerstand gegen Zensur kommen kann.

Auch das Angebot an Bitcoin ist einzigartig. 21 Millionen Bitcoins sind alles, was jemals existieren wird. Satoshi Nakamoto hat diese vorgegebene Beschränkung des verfügbaren Angebots in das Protokoll aufgenommen. Der Begriff „digitales Gold" wird von manchen Menschen manchmal zur Beschreibung von Bitcoin verwendet, da das Angebot begrenzt ist und die Halbierung normalerweise alle vier Jahre stattfindet. Dies stellt sicher, dass es immer eine Knappheit an Bitcoin geben wird, die manchmal mit Gold verglichen wird.

Die Blockchain-Technologie, die aus einer chronologischen Kette von Blöcken besteht, die jeweils Transaktionsdaten enthält, ist für den Betrieb von Bitcoin von wesentlicher Bedeutung. Die Integrität und Zuverlässigkeit von Bitcoin werden durch die Tatsache gewährleistet, dass sein öffentliches Hauptbuch nicht geändert werden kann und von jedem eingesehen werden kann. Sobald eine Transaktion validiert und in die Blockchain hochgeladen wurde, ist es nahezu unmöglich, die mit dieser Transaktion verbundenen Informationen zu ändern oder zu löschen. Dies bietet ein hohes Maß an Sicherheit und trägt dazu bei, dass das System nicht anfällig für Diebstahl oder Betrug ist.

Der Vorgang, Transaktionen zu genehmigen und zur Blockchain hinzuzufügen, wird als Mining bezeichnet. Der Bergbau wird von leistungsstarken Computern durch die Lösung anspruchsvoller mathematischer Probleme durchgeführt. Die Methode, Miner für ihre Bemühungen mit neuen Bitcoins zu belohnen, fördert nicht nur die Teilnahme, sondern erleichtert auch die Schaffung neuer Bitcoins.

Bitcoin ist im Wesentlichen eine Art Währung; Dennoch hat es in manchen Zusammenhängen auch begonnen, einige Merkmale einer Ware anzunehmen. Viele Menschen erwerben Bitcoin als Investition und behalten es, sodass sie möglicherweise darüber spekulieren, wie stark der Preis steigen oder fallen wird. Aufgrund seines äußerst spekulativen Charakters und seiner hohen Volatilität ist Bitcoin zu einem äußerst umstrittenen Thema in der Finanzwelt geworden.

Darüber hinaus hat die Blockchain-Technologie, die Bitcoin zugrunde liegt, äußerst weitreichende Folgen, die weit über den Bereich digitaler Währungen hinausgehen. Die potenziellen Einsatzmöglichkeiten von Bitcoin in einer Vielzahl von Disziplinen, darunter Lieferkettenmanagement, Gesundheitswesen und Wahlsysteme, lassen darauf schließen, dass seine Auswirkungen möglicherweise weitaus umfassender sind als zunächst angenommen.

Zusammenfassend lässt sich sagen, dass Bitcoin einen grundlegenden Paradigmenwechsel im Vergleich zu unserer Sicht auf Währungen darstellt. Sein dezentraler und Peer-to-Peer-Charakter stellt eine Herausforderung für die derzeit bestehenden herkömmlichen Bankensysteme dar. Traditionelle Währungen können von Kryptowährungen durch ihre besonderen Merkmale unterschieden werden, zu denen die digitale Existenz, das begrenzte Angebot, die Abhängigkeit von der Blockchain-Technologie und die Doppelstellung als Währung und Ware gehören. Es ist unbestreitbar, dass Bitcoin ein neues Zeitalter in der Finanzwelt eingeleitet und den Weg für das Wachstum von Kryptowährungen geebnet hat, auch wenn es weiterhin Gegenstand intensiver Debatten und Untersuchungen ist. Während wir immer mehr über Bitcoin erforschen und lernen, wird es faszinierend sein zu beobachten, wie sich diese digitale Währung entwickelt und wie sie die Zukunft beeinflusst.

Die Entstehung und der Schöpfer von Bitcoin

Die Geburt von Bitcoin, der ersten Kryptowährung, war ein wichtiger Wendepunkt in der Geschichte der Geldgeschichte. Es war das erste Beispiel einer einzigartigen Art dezentraler digitaler Währung. Das Geheimnis, das den Erfinder von Bitcoin, Satoshi Nakamoto, umgibt, ist ebenso faszinierend wie die Kryptowährung selbst. In diesem

Abschnitt werden die Anfänge des Bitcoin-Netzwerks untersucht und das Geheimnis um Satoshi Nakamoto genauer beleuchtet.

Der erste Bericht darüber, wie Bitcoin hergestellt wurde, fand sich in einem Whitepaper mit dem Titel „Bitcoin: A Peer-to-Peer Electronic Cash System", das am 31. Oktober 2008 im Internet erschien. Darin wurde ein Peer-to-Peer-Netzwerk vorgeschlagenes Dokument als mögliche Lösung für das Problem der doppelten Ausgaben, die bei einer digitalen Währung auftreten könnten. Der Vorschlag wurde von einer unbekannten Person oder Gruppe unter dem Pseudonym Satoshi Nakamoto verfasst.

Das Mining des Genesis-Blocks, auch bekannt als Block 0 oder Genesis-Block, fand am 3. Januar 2009 statt und markierte damit den Beginn des Betriebs des Bitcoin-Netzwerks. Dieser Block enthält eine verschlüsselte Version einer Textüberschrift der Times, die wie folgt lautete: „The Times 03.01.2009 Kanzlerin steht kurz vor der zweiten Bankenrettung." Viele Menschen interpretieren dies als Hinweis auf die Instabilität des herkömmlichen Bankensystems.

Die frühe Entwicklung von Bitcoin wurde von einer Gruppe leidenschaftlicher Computerprogrammierer und Libertärer vorangetrieben, die gemeinsam an dem Open-Source-Projekt arbeiteten und damit experimentierten. Diese experimentelle Art der digitalen Währung würde sich im Laufe der Zeit zu einem milliardenschweren Phänomen entwickeln, das wir heute kennen.

Satoshi Nakamoto, die Person, der die Erschaffung von Bitcoin zugeschrieben wird, ist weiterhin ein Rätsel. Es gibt keine Möglichkeit, anhand des Pseudonyms die Identität, Nationalität oder gar die Anzahl der Personen zu ermitteln, die an der Entwicklung von Bitcoin beteiligt waren.

Von 2008 bis 2010 war Satoshi aktiv am Bitcoin-Projekt beteiligt. Während dieser Zeit steuerte er Code bei, half bei der Steuerung der Projekte Richtung und hielt über E-Mails und Online-Foren engen Kontakt mit anderen Entwicklern. Im Dezember 2010 übergab Satoshi jedoch die Kontrolle über das Quellcode-Repository sowie den Netzwerkalarmschlüssel an einen Softwareentwickler namens Gavin Andresen und zog sich damit aus jeglicher aktiven Beteiligung an der Entwicklung der Kryptowährung zurück.

Nach dem Jahr 2010 verlief die Kommunikation von Satoshi zunehmend sporadisch, bevor sie schließlich zum Erliegen kam. Trotz der unzähligen Bemühungen und Theorien, die aufgestellt wurden, um herauszufinden, wer Satoshi Nakamoto ist, war keine davon erfolgreich. Die Identität von Satoshi Nakamoto ist weiterhin eine der verwirrendsten Fragen in der Geschichte der digitalen Welt.

Die Tatsache, dass Satoshi Nakamoto sich dafür entscheidet, anonym zu bleiben, hat erhebliche Auswirkungen. Aus diesem Grund war es für eine einzelne Person oder Gruppe unmöglich, übermäßigen Einfluss auf die Entwicklung von Bitcoin zu nehmen. Darüber hinaus hat es dazu beigetragen, das dezentrale Ethos von Bitcoin zu stärken. Da Bitcoin keinen bekannten Schöpfer hat, liegt die Macht bei der gesamten Benutzer- und Entwicklergemeinschaft.

Die Erfindung von Bitcoin war ein entscheidender Wendepunkt in der Entwicklung der digitalen Währung, da sie den Weg für die Entstehung einer Vielzahl alternativer Kryptowährungen in den Jahren nach ihrer Einführung ebnete. Das Geheimnis um Satoshi Nakamoto, den pseudonymen Erfinder von Bitcoin, hält weiterhin die Aufmerksamkeit von Menschen auf der ganzen Welt auf sich. Bitcoin steht an der Spitze dieser digitalen Revolution, und unabhängig davon, wer oder wo Satoshi Nakamoto ist, hat ihre bahnbrechende Idee bereits einen Paradigmenwechsel im herkömmlichen Währungssystem ausgelöst.

Wie Bitcoin funktioniert

Bitcoin, die erste Kryptowährung, die jemals geschaffen wurde, hat aufgrund der dezentralen, Peer-to-Peer- und Open-Source-Natur der Kryptowährung das Interesse der Menschen geweckt. Die zugrunde liegende Funktionsweise von Bitcoin bleibt jedoch für viele Menschen weiterhin ein Rätsel. Der Zweck dieses Abschnitts besteht darin, die Funktionsweise von Bitcoin zu analysieren, indem die zugrunde liegende Technologie, die Verarbeitung von Transaktionen, das Mining-Konzept und die Angebotskontrolle erläutert werden.

Die als Blockchain bekannte Technologie ist für das Funktionieren von Bitcoin von grundlegender Bedeutung. Eine Blockchain ist ein öffentliches Hauptbuch, das alle Transaktionen aufzeichnet, die mit Bitcoin stattfinden. Diese Struktur besteht aus Blöcken, die jeweils eine Reihe von Transaktionen enthalten. Da es nahezu unmöglich ist, frühere Transaktionen zu ändern, nachdem ein neuer Block zur Kette hinzugefügt wurde, bietet die Kryptowährung ein hohes Maß an Sicherheit.

Jeder Nutzer von Bitcoin verfügt über eine sogenannte „digitale Geldbörse", mit der Bitcoins versendet, empfangen und gespeichert werden können. In einem Wallet werden nicht die Bitcoins selbst gespeichert, sondern die privaten Schlüssel, mit denen auf die Bitcoins zugegriffen und diese kontrolliert werden.

Bei jeder einzelnen Bitcoin-Transaktion wird Wert mithilfe des privaten und des öffentlichen Schlüssels von einer Wallet in eine andere verschoben. Danach wird die Transaktion an das Bitcoin-Netzwerk gesendet, wo Miner sie überprüfen und einen Transaktionsblock hinzufügen.

Beim Bitcoin-Mining handelt es sich um einen Prozess, bei dem Transaktionen authentifiziert und zu einem öffentlichen Hauptbuch namens Blockchain hinzugefügt werden. Im Bergbau werden leistungsstarke Computer zur Lösung schwieriger mathematischer Probleme eingesetzt. Der erste Miner, der das Problem löst, wird mit neu geschaffenen Bitcoins sowie Transaktionsgebühren belohnt. Der Miner kann

auch
einen Transaktionsblock zur Blockchain hinzufügen. Auf diese Weise erfolgt die Schaffung neuer Bitcoins für den Einsatz in der Wirtschaft.

Die Versorgung mit Bitcoin wird sorgfältig überwacht und kontrolliert. Das Protokoll garantiert, dass die Gesamtmenge der im Umlauf befindlichen Bitcoins zu keinem Zeitpunkt mehr als 21 Millionen beträgt. Aufgrund der Tatsache, dass eine feste Anzahl an Bitcoins im Umlauf ist, kann ihr Wert nicht durch Inflation untergraben werden, so wie dies bei traditionellen Währungen der Fall sein kann.

Etwa alle vier Jahre findet ein Ereignis namens „Halving" statt. Dieses Ereignis verringert die Anreize, die Miner für das Hinzufügen neuer Blöcke erhalten, und halbiert so die Rate, mit der neue Bitcoins erstellt werden. Dieses Ereignis wird so lange fortgesetzt, bis keine Bitcoins mehr zum Schürfen verfügbar sind, was derzeit auf 21 Millionen begrenzt ist.

Wenn man das Innenleben von Bitcoin versteht, kann man besser verstehen, warum diese Technologie als revolutionär gilt. Seine einzigartigen Mechanismen könnten Antworten auf viele Probleme liefern, mit denen traditionelle Finanzsysteme traditionell zu kämpfen haben, wie etwa Zensur, doppelte Ausgaben und die Abhängigkeit von Dritten. Die Art und Weise, wie Bitcoin funktioniert, einschließlich der Transaktionsverarbeitung, des Mining-Betriebs und der Angebotsverwaltung, symbolisiert einen grundlegenden Wandel in der Art und Weise, wie wir über Währungssysteme denken und mit ihnen interagieren. Dieser Wandel markierte den Beginn einer neuen Ära im Bereich des digitalen Finanzwesens.

Kapitel II: Die Technologie hinter Bitcoin: Blockchain

Erklärung der Blockchain-Technologie

Die Einführung der Blockchain-Technologie gilt als einer der revolutionärsten Fortschritte im Bereich der digitalen Technologie, da sie das Potenzial hat, die Art und Weise, wie Daten angezeigt und verwaltet werden, zu verändern. Als Grundlage für Kryptowährungen wie Bitcoin hat es seinen Einfluss weit über die Grenzen der Finanzwelt hinaus erweitert. Der Zweck dieses Abschnitts besteht darin, die Blockchain-Technologie zu entmystifizieren, indem ihre grundlegenden Konzepte, ihre Funktionsweise und die möglichen Einsatzmöglichkeiten untersucht werden.

Die Blockchain ist, wie der Name schon sagt, eine Kette von Blöcken, die zum Speichern und Übertragen von Daten verwendet werden können. Blockchain hingegen besteht nicht aus physischen Blöcken, sondern aus digitalen Informationen, die in einer öffentlichen Datenbank gespeichert und als Blöcke bezeichnet werden. Jeder Block enthält Details zu Transaktionen, wie Datum, Uhrzeit und Betrag, und sie sind alle durch die Verwendung kryptographischer Prinzipien miteinander verbunden.

Der ultimative Wert der Technologie liegt in der Unveränderlichkeit und Transparenz der Blockchain-Technologie. Sobald ein Block aufgezeichnet wurde, ist es ziemlich schwierig, Änderungen daran vorzunehmen. Dies liegt an einer Funktion namens Hash, die für jeden Block einen eindeutigen Code erstellt. Wenn Informationen innerhalb eines Blocks geändert würden, würde sich der Hash des Blocks ändern, wodurch das Kettenglied unterbrochen würde. Aufgrund des hohen Maßes an Sicherheit und Transparenz ist die Blockchain ein wirksames Instrument zur Bekämpfung von Betrug und Korruption.

Der dezentrale Charakter der Blockchain-Technologie ist eines ihrer

charakteristischen
Merkmale. Im Gegensatz zu herkömmlichen Datenbanken, die Daten auf einem einzigen zentralen Server speichern, sind Blockchains dezentral über ein Netzwerk mehrerer Computer verteilt, die als Knoten bezeichnet werden. Durch die Dezentralisierung wird sichergestellt, dass keine einzelne Partei die Autorität über das gesamte Netzwerk hat, was sowohl die Widerstandsfähigkeit des Netzwerks gegen Zensur als auch sein allgemeines Sicherheitsniveau erhöht.

Unter Mining versteht man, wenn man es auf die Blockchain-Technologie anwendet, den Prozess des Hinzufügens neuer Blöcke zur Kette. Dies erfordert die Lösung schwieriger mathematischer Rätsel, ein Prozess, der eine erhebliche Menge an Rechenleistung erfordert. Die Miner, die für die Aufrechterhaltung des Blockchain-Netzwerks verantwortlich sind, erhalten für ihre Arbeit eine Vergütung, die für sie als Anreiz dient, weiterhin Beiträge zu leisten.

Die Blockchain-Technologie ist für den Betrieb von Kryptowährungen von wesentlicher Bedeutung, ihre Anwendungen könnten jedoch weit darüber hinausgehen. Die Tatsache, dass die Blockchain-Technologie transparent, unveränderlich und dezentralisiert ist, macht sie für eine Vielzahl von Anwendungen attraktiv. Einige Beispiele für diese Anwendungen umfassen Abstimmungssysteme,

die
Führung von Gesundheitsakten und die Verwaltung von Lieferketten.
Die als Blockchain bekannte Technologie hat das Potenzial, viele verschiedene
Branchen zu revolutionieren und stellt außerdem ein neues Paradigma für die Verwaltung und den Schutz von Daten dar. Die Tatsache, dass es sowohl transparent als auch unveränderlich ist und auf dem Prinzip der Dezentralisierung basiert, verschafft ihm wesentliche Vorteile gegenüber konventionellen Systemen. Während wir die Blockchain weiter erforschen und ein besseres Verständnis erlangen, wird es

immer deutlicher, dass wir uns am Abgrund eines neuen digitalen Zeitalters befinden, das von dieser innovativen Technologie angetrieben wird.

Wie Blockchain in Bitcoin verwendet wird

Blockchain ist die zugrunde liegende Technologie, auf der Bitcoin, die erste jemals geschaffene Kryptowährung, basiert, um zu funktionieren. Diese innovative Technologie ermöglicht nicht nur die Entstehung von Bitcoin , sondern ist auch die Quelle der besonderen Eigenschaften der Kryptowährung. In diesem Abschnitt wird untersucht, wie die Blockchain-Technologie in Bitcoin verwendet wird, und es werden Einblicke in Bitcoin-Transaktionen, das Mining und die Rolle der Dezentralisierung g ewähr t.

Die Funktionalität von Bitcoin hängt von der zugrunde liegenden Blockchain-Technologie ab. Die Blockchain ist ein öffentliches Hauptbuch, das alle Transaktionen mit Bitcoins aufzeichnet. Die Blockchain besteht aus einer Reihe von „Blöcken“, von denen jeder eine Reihe einzelner Transaktionen enthält. Wenn ein neuer Block in die Kette eingeführt wird, werden die darin enthaltenen Transaktionsinformationen fast sofort unveränderlich. Dies bietet ein hohes Maß an Schutz vor betrügerischen Aktivitäten und Doppelausgaben.

Für jede Bitcoin-Transaktion ist der Austausch von Vermögen von einer digitalen Geldbörse zur anderen erforderlich. Diese Transaktion wird dann an das Bitcoin-Netzwerk gesendet, wo die Miner ihre Legitimität überprüfen. Nach der Validierung wird die Transaktion in einen Block aufgenommen. Jede Bitcoin-Transaktion verfügt über sogenannte Ein- und Ausgänge, bei denen es sich um Verweise auf die Bitcoin-Adressen handelt, die Teil der Börse sind. Wenn der Block, der die Transaktion enthält, abgebaut wird, wird die Transaktion zur Blockchain hinzugefügt und zu einem dauerhaften Teil des Hauptbuchs.

Das Mining ist ein wichtiger Schritt im Betrieb des Bitcoin-Netzwerks. Die Methode zur Lösung schwieriger mathematischer Probleme ist als „Proof of Work“ bekannt und wird von Bergleuten mithilfe leistungsstarker Computer durchgeführt. Der neue Transaktionsblock wird zur Blockchain hinzugefügt, sobald einer der Miner herausgefunden hat, wie das Problem gelöst werden kann. Als Anerkennung für seine wertvollen Dienste für das Netzwerk erhält dieser Miner frisch geprägte Bitcoins in

Form der Block Belohnung sowie Gebühren für alle von ihm ermöglichten Transaktionen.

Die Tatsache, dass die Bitcoin-Blockchain dezentralisiert ist, ist eines der Merkmale, die dabei helfen, sie zu definieren. Die Blockchain wird nicht von einer einzelnen Einheit überwacht; vielmehr wird sie von einem verteilten Netzwerk von Knoten verwaltet, die manchmal auch als Computer bezeichnet werden. Der dezentrale Aufbau dieser Struktur gewährleistet ein hohes Maß an Sicherheit und Zensur Resistenz.

Darüber hinaus werden kryptographische Prinzipien innerhalb der Blockchain, die Bitcoin zugrunde liegt, in die Praxis umgesetzt. Beispielsweise enthält jeder Block eine eindeutige Kennung, die als „Hash" bezeichnet wird. Dieser Hash wird gebildet, indem die im Block enthaltenen Informationen mit dem Hash des davor liegenden Blocks kombiniert werden. Diese Kette, die durch die Verknüpfung von Blöcken über ihre Hashes entsteht, macht es sehr schwierig, die Kette zu ändern, was das Sicherheitsniveau der Blockchain erhöht.

Die Funktionalität von Bitcoin hängt stark von der Distributed-Ledger-Technologie namens Blockchain ab. Das Potenzial dieser Technologie, ein System von Transaktionen Aufzeichnungen zu schaffen, das nicht nur sicher, sondern auch offen und dezentral ist, dient als Grundlage für die Kryptowährung. Indem wir uns darüber informieren, wie Blockchain in Bitcoin verwendet wird – von Transaktionen bis zum Mining und von Sicherheitsmaßnahmen bis hin zu seiner dezentralen Natur – gewinnen wir Einblick in die Funktionsweise dieser digitalen Währung und ihr Potenzial, bestehende Finanzinstitute neu zu definieren. Die Blockchain-Technologie hat die Fähigkeit, die Funktionsweise traditioneller Finanzsysteme völlig zu verändern.

Sicherheitsmaßnahmen und Vorteile der Blockchain

Die als Blockchain bekannte Technologie, die die Grundlage von Kryptowährungen bildet, führt zu einem Paradigmenwechsel in der Datenverwaltung und -sicherheit. Dies geschieht durch die Einführung eines beispiellosen Niveaus an Sicherheit, Transparenz und Vertrauen aufgrund der einzigartigen Qualitäten und Systeme, über die es verfügt. In diesem Abschnitt werden die Sicherheitsfunktionen untersucht, die in die Blockchain-Technologie integriert sind, sowie die Vorteile, die diese Funktionen bieten.

Die Blockchain arbeitet nach dem Prinzip der Dezentralisierung, was als einer ihrer grundlegenden Vorteile im Hinblick auf ihre Sicherheit gilt. Im Gegensatz zu zentralisierten Systemen dezentralisiert die Blockchain-Technologie die Datenspeicherung, indem sie sie über ein Netzwerk von Computern, sogenannte Knoten, verteilt. Dadurch wird die Anfälligkeit eines einzelnen Fehler- oder Zugriffspunkts beseitigt. Die Ausfallsicherheit und Sicherheit des Systems werden durch das Vorhandensein dieses dezentralen Netzwerks verbessert.

Der Einsatz von Kryptographie ist für die Sicherheit der Blockchain-Technologie von wesentlicher Bedeutung. Ein Hash ist ein einzigartiger Code, der in jedem Block enthalten ist, aus dem eine Blockchain besteht. Jede Änderung der in einem Block enthaltenen Daten führt dazu, dass sein Hash ungültig wird, was dazu führt, dass das

Kettenglied unterbrochen wird. Diese kryptografische Verknüpfung gewährleistet in Verbindung mit der Verwendung sowohl privater als auch öffentlicher Schlüssel die Integrität der Daten sowie die Sicherheit der Transaktionen.

Wenn Daten zu einer Blockchain hinzugefügt werden, ist eine Änderung fast sofort unmöglich. Die Kombination aus Unveränderlichkeit und Transparenz führt zur Schaffung einer vertrauensvollen Umgebung, in der die Teilnehmer die Gültigkeit der Transaktionen unabhängig und ohne Beteiligung von Vermittlern überprüfen können. Diese Funktion ist besonders hilfreich in Branchen, in denen Transparenz und Rückverfolgbarkeit von größter Bedeutung sind.

Um Transaktionen zu validieren und neue Blöcke hinzuzufügen, stützt sich Blockchain auf Konsens-Mechanismen wie Proof of Work (PoW) und Proof of Stake (PoS). Diese Mechanismen erfordern, dass Netzwerkteilnehmer schwierige mathematische Probleme lösen oder über einen bestimmten Betrag an digitaler Währung verfügen. Dies schreckt böswillige Aktivitäten ab, da deren Durchführung rechenintensiv oder finanziell unpraktisch wird.

Die in die Blockchain integrierten Sicherheitsfunktionen bieten mehrere Vorteile. Die Verhinderung betrügerischer Aktivitäten ist ein großer Vorteil, der durch die Sicherheitsfunktionen der Blockchain-Technologie entsteht. Aufgrund der inhärenten Transparenz und Unveränderlichkeit der Blockchain-Technologie stehen betrügerische Handlungen vor einem erheblichen harten Kampf. Jede in der Blockchain aufgezeichnete Transaktion ist für alle Teilnehmer sichtbar und lässt sich nach der Aufzeichnung nur sehr schwer ändern. Dadurch kann jede Transaktion nachverfolgt, verifiziert und vor betrügerischen Manipulationen geschützt werden.

Obwohl die Blockchain-Technologie Transparenz bietet, bietet sie auch die Möglichkeit, die Privatsphäre der Benutzer zu verbessern. Die als Blockchain bekannte Technologie nutzt fortschrittliche kryptografische Verfahren, um sicherzustellen, dass alle Transaktionen privat und sicher bleiben. Diese kryptografischen Mechanismen ermöglichen die Verschlüsselung von Transaktionsdaten und stellen so sicher, dass nur diejenigen auf die Informationen zugreifen können, die über die richtigen Entschlüsselungsschlüssel verfügen. Obwohl Transaktionen der öffentlichen Kontrolle unterliegen, werden die Identität der Benutzer und die Integrität ihrer digitalen Bestände daher absolut vertraulich behandelt.

Die unveränderlichen Aufzeichnungen, die die Blockchain-Technologie verwendet, bieten eine beispiellose Rückverfolgbarkeit. Sobald eine Transaktion zu einer Blockchain hinzugefügt wurde, kann sie nicht mehr geändert werden und wird zu einem dauerhaften Bestandteil der Historie früherer Transaktionen. Diese Funktion ist besonders nützlich für das Lieferkettenmanagement und andere Anwendungen, bei denen die Rückverfolgbarkeit von größter Bedeutung ist. Auch andere ähnliche Anwendungen profitieren davon. Benutzer können den Warenfluss überwachen, ihre Gültigkeit überprüfen und bestätigen, dass sie den Vorschriften entsprechen, was alles zu einer Steigerung der Gesamtbetriebs Effizienz beiträgt.

Transaktionen profitieren von der dezentralen Architektur der Blockchain, was auch zu ihrer höheren Geschwindigkeit und Effizienz beiträgt. Herkömmliche zentralisierte Systeme erfordern häufig die Beteiligung von Vermittlern am Transaktion Validierungsprozess. Dies führt häufig zu Verzögerungen und kann auch zu Engpässen führen. Aufgrund der dezentralen und verteilten Natur der Blockchain ist der Bedarf an solchen Vermittlern jedoch überflüssig geworden. Dies beschleunigt nicht nur Transaktionen, sondern senkt auch die mit Zwischenhändlern verbundenen Kosten und trägt so zu schnelleren und effizienteren Abläufen bei.

Die Distributed-Ledger-Technologie, auch Blockchain genannt, weist strenge Sicherheitsvorkehrungen auf und hat das Potenzial, viele verschiedene Branchen zu verändern, indem sie die Datensicherheit, Transparenz und Effizienz verbessert. Je weiter wir die Möglichkeiten der Blockchain erforschen und nutzen, desto deutlicher wird es, dass diese Technologie durchaus die Zukunft sicherer digitaler Interaktionen bestimmen könnte.

Kapitel III: Kryptographie in Bitcoin verstehen

Grundlagen der Kryptographie

Früher die Domäne von Spionen und Geheimagenten, ist Kryptographie heute ein alltägliches Element in unserer digitalen Welt. Kryptographie ist für die Aufrechterhaltung der Datensicherheit von entscheidender Bedeutung, da sie zur Sicherung von Online-Transaktionen und zum Schutz der Privatsphäre eingesetzt werden kann. In diesem Abschnitt werden die Grundlagen der Kryptografie sowie ihre Arten, Verwendungszwecke und Konzepte behandelt.

Der Begriff „Kryptographie", der aus dem Griechischen stammt und „geheime Schrift" bedeutet, bezeichnet eine Technik zum Schutz der Kommunikation. Dabei wird die Technik der Verschlüsselung eingesetzt, um Daten aus ihrem ursprünglichen Format (Klartext) in ein nicht erkennbares Format (Chiffretext) umzuwandeln. Der umgekehrte Vorgang, bei dem Chiffretext wieder in Klartext umgewandelt wird, wird als Entschlüsselung bezeichnet.

Schlüssel und Algorithmen sind die beiden wesentlichen Ideen, die der Kryptographie zugrunde liegen. Ein kryptografischer Algorithmus (oder Chiffre) ist der Mechanismus, durch den Klartext in Chiffretext umgewandelt wird und umgekehrt, während ein kryptografischer Schlüssel eine Information ist, die im Ver- und Entschlüsselung Prozess verwendet wird.

Zur Gruppierung der Kryptografie können drei Hauptkategorien verwendet werden. Die symmetrische Kryptographie ist eine Teilmenge der Kryptographie, bei der ein einzelner Schlüssel sowohl als Verschlüsselungs- als auch als

Entschlüsselungsschlüssel
dient. Um den sicheren Informationsaustausch zu gewährleisten, muss der geheime Schlüssel ausschließlich zwischen Sender und Empfänger ausgetauscht werden. Dies ist die Grundidee der symmetrischen Kryptographie. Der Advanced Encryption Standard (AES), der sich zu einem universellen Standard für Datensicherheit entwickelt hat, ist ein gutes Beispiel für die symmetrische Kryptographie im Einsatz.

Die asymmetrische Kryptografie, manchmal auch als Public-Key-Kryptographie bezeichnet, steht im Gegensatz zur symmetrischen Kryptographie. Bei der asymmetrischen Kryptografie werden zwei Schlüssel verwendet: ein öffentlicher

Schlüssel, der von jedem zum Verschlüsseln von Nachrichten verwendet werden kann, und ein privater Schlüssel, der vom Empfänger erst zum Entschlüsseln von Nachrichten verwendet werden kann, nachdem diese empfangen wurden. Die Algorithmen RSA (Rivest-Shamir-Adleman) und Elliptic Curve Cryptography (ECC) sind bekannte Beispiele für asymmetrische Kryptographie und tragen beide zur größeren Sicherheit dieses Dual-Key-Systems bei.

Hash-Funktionen unterscheiden symmetrische und asymmetrische Kryptographie voneinander. Hash-Funktionen verarbeiten jede beliebige Eingabe, um eine Ausgabe fester Länge zu erstellen, die im Allgemeinen als „Hash" bezeichnet wird, anstatt sich auf die Ver- und Entschlüsselung zu konzentrieren. Hash-Funktionen sind von Natur aus unidirektional und bieten einen zusätzlichen Schutzgrad, da es rechnerisch unmöglich ist, die ursprüngliche Eingabe aus dem Ausgabe-Hash wiederherzustellen. Im heutigen Umfeld der digitalen Sicherheit ist das Secure Hash Algorithm 2 (SHA-2) ein Beispiel für eine häufig verwendete Hash-Funktion.

Informationen sind eine wertvolle Ressource in der digitalen Welt, daher ist Datensicherheit von größter Bedeutung. Diese Informationen werden durch Kryptografie geschützt, die private Informationen schützt, die auf Computern gespeichert und über Netzwerke wie das Internet gesendet werden. Die Kryptografie schützt diese Daten, indem sie sie so verschlüsselt, dass nur autorisierte Benutzer sie entschlüsseln können. Dies stellt eine wesentliche Verteidigungslinie gegen Datenschutzverletzungen und Online-Gefahren dar.

In einer Zeit, in der digitale Identitäten gefälscht werden können, wird Kryptographie als vertrauenswürdige Authentifizierungsmethode eingesetzt. Dies geschieht durch den Einsatz digitaler Signaturen, die mit bestimmten kryptografischen Verfahren erstellt werden. Diese Signaturen helfen bei der Bestätigung der Identität des Absenders und garantieren die Aufrichtigkeit und Integrität der Transaktion oder Nachricht.

In der Welt des E-Commerce, in der jede Sekunde viele Transaktionen stattfinden, sind strenge Sicherheitsvorkehrungen erforderlich. Einmal mehr erweist sich die Kryptografie als digitaler Retter, der Online-Transaktionen verschlüsselt und private Daten wie Kreditkartennummern vor Hackern schützt. Durch die Verschlüsselung von Transaktionsdaten trägt die Kryptografie dazu bei, sicherzustellen, dass Online-Einkaufserlebnisse sicher und zuverlässig sind.

Einen neuen Horizont im digitalen Finanzwesen stellen Kryptowährungen wie Bitcoin dar. Diese digitalen Währungen basieren auf den Konzepten der Kryptographie und nutzen diese, um Transaktionen abzusichern, die Generierung neuer Einheiten zu regulieren und Betrug zu verhindern. Da Kryptowährungen dezentralisiert, sicher und transparent sind, ist die Kryptographie ihr Kernstück.

In der heutigen digitalen Sicherheitsumgebung ist Kryptographie eine entscheidende Komponente. Das Verständnis der Grundlagen der Kryptographie wird immer wichtiger, da wir bei unseren täglichen Aktivitäten zunehmend auf digitale Plattformen angewiesen sind. Bei richtiger Umsetzung können die Grundsätze starke Sicherheitsmaßnahmen bieten, unsere Daten schützen und sichere Kommunikationskanäle bieten.

Rolle der Kryptographie in Bitcoin

Bitcoin, die erste Kryptowährung, revolutionierte mit seiner dezentralen Struktur und sicheren Online-Transaktionen die Finanzbranche. Der Einsatz kryptografischer Prinzipien ist der Kern der Sicherheit von Bitcoin. In diesem Abschnitt wird die entscheidende Rolle untersucht, die Kryptografie bei Bitcoin spielt. Dabei liegt der Schwerpunkt auf den Ideen von Schlüssel Parolen, digitalen Signaturen, Mining und Datenschutz. Gleichzeitig wird gezeigt, wie Kryptografie die Integrität und Zuverlässigkeit der Währung gewährleistet.

Die Verwendung kryptografischer Schlüsselpaare ist die Grundlage der Sicherheit von Bitcoin. Ein öffentlicher Schlüssel und ein privater Schlüssel sind ein Satz kryptografischer Schlüssel, auf die jeder Benutzer im Bitcoin-Netzwerk Zugriff hat. Der private Schlüssel, den der Benutzer sicher verwahrt, wird verwendet, um Transaktionen zu ermöglichen und auf die Gelder zuzugreifen, während der öffentliche Schlüssel zum Empfangen von Geldern verwendet wird. Mit Hilfe dieser asymmetrischen Kryptografie wird das Bitcoin-Ökosystem sicherer gemacht, indem sichergestellt wird, dass nur der Besitzer des privaten Schlüssels Transaktionen starten kann.

Die Gültigkeit und Integrität von Transaktionen werden durch digitale Signaturen garantiert, ein Schlüsselelement der Bitcoin-Sicherheit. Der private Schlüssel eines Benutzers wird verwendet, um eine digitale Signatur zu erstellen, wenn er eine Transaktion startet. Diese Unterschrift beweist den Besitz und die Einwilligung. Durch die Verwendung des entsprechenden öffentlichen Schlüssel zur Validierung der digitalen Signatur wird sichergestellt, dass die Transaktion tatsächlich vom richtigen Eigentümer genehmigt wurde. Digitale Signaturen, die durch Kryptographie ermöglicht werden, schützen vor illegalen Änderungen und gewährleisten die Zuverlässigkeit von Bitcoin-Transaktionen.

Beim Mining, das hauptsächlich auf kryptografischen Methoden beruht, wird das dezentrale Ledger oder die Blockchain von Bitcoin sicher aufbewahrt. Um Transaktionen zu validieren und in Blöcken zu gruppieren, konkurrieren Miner um

die
Lösung anspruchsvoller mathematischer Rätsel. Der erfolgreiche Miner bezieht den Hash des vorherigen Blocks ein, wenn er den verifizierten Block zum Netzwerk hinzugefügt hat. Durch diese kryptografische Verknüpfung werden die Unveränderlichkeit und Integrität der Blockchain gewährleistet, betrügerische Änderungen verhindert und das Vertrauen innerhalb des Bitcoin-Netzwerks gewahrt.

In der Welt des digitalen Finanzwesens ist der Datenschutz ein wichtiges Anliegen und Bitcoin nutzt in erheblichem Maße Verschlüsselung, um ihn zu schützen. Obwohl die Identität der Benutzer normalerweise verborgen bleibt, sind Bitcoin-Transaktionen grundsätzlich transparent und zeigen die beteiligten Transaktionsbeträge und Adressen an. Zur Erhöhung der Privatsphäre werden kryptografische Methoden wie Zero-Knowledge-Proofs, Ring Signaturen und Stealth-Adressen eingesetzt. Diese Methoden bieten ein gewisses Maß an Privatsphäre, ohne die Sicherheit des Systems zu gefährden, indem sie den Zusammenhang zwischen einer Transaktion und der Identität des Benutzers verschleiern.

Obwohl die Grundlage der Sicherheit von Bitcoin die Kryptographie ist, ist sie nicht immun gegen Bedrohungen. Beispielsweise könnten die aktuellen Kryptografiealgorithmen durch Quantencomputer gefährdet sein. Um die Sicherheit von Bitcoin auch in Zukunft zu gewährleisten, wird versucht, quantenresistente kryptografische Techniken zu entwickeln. Darüber hinaus wird in der laufenden Forschung untersucht, wie der Schutz der Privatsphäre mit gesetzlichen Anforderungen in Einklang gebracht werden kann, um sicherzustellen, dass die kryptografischen Verfahren von Bitcoin den gesetzlichen Standards entsprechen und gleichzeitig die Privatsphäre der Benutzer schützen.

Die Grundlage der Bitcoin-Sicherheit ist die Kryptographie, die sichere Transaktionen ermöglicht, den Besitz überprüft und die Integrität der Kette wahrt. Aufgrund der Verwendung kryptografischer Schlüsselpaare, digitaler Signaturen, Mining und Maßnahmen zur Verbesserung der Privatsphäre kann Bitcoin als dezentrale und zuverlässige digitale Währung fungieren. Die Funktion der Verschlüsselung in Bitcoin wird weiterhin von entscheidender Bedeutung sein, da sich die Landschaft des digitalen Bankings weiter verändert und als Eckpfeiler für sichere, private und vertrauenswürdige Finanztransaktionen im digitalen Zeitalter dient.

Öffentliche und private Schlüssel erklärt

Mit ihrem dezentralen und sicheren Design hat die revolutionäre Kryptowährung Bitcoin die Finanz-Landschaft völlig verändert. Die Ideen öffentlicher und privater Schlüssel bilden die Grundlage der Sicherheitsarchitektur von Bitcoin. In diesem Abschnitt werden die Funktionen, Generierung Verfahren und die Bedeutung öffentlicher und privater Schlüssel für den Schutz von Bitcoin-Transaktionen ausführlich untersucht. Wer ein umfassendes Verständnis der zugrunde liegenden Technologie von Bitcoin haben möchte, muss diese kryptographischen Schlüssel verstehen.

Im Bitcoin-Netzwerk erfolgt der Empfang von Geldern über öffentliche Schlüssel. Öffentliche Schlüssel und private Schlüssel sind theoretisch miteinander verbunden und werden aus einer asymmetrischen Verschlüsselungstechnik abgeleitet. Die Wallet jedes Bitcoin-Benutzers ist mit einem eindeutigen öffentlichen Schlüssel verknüpft.

Dieser Schlüssel wird im gesamten Netzwerk öffentlich verteilt, sodass andere den Besitz bestätigen und Transaktionen mit der zugehörigen Wallet starten können. Obwohl öffentliche Schlüssel der Öffentlichkeit zugänglich gemacht werden, bleibt die Sicherheit von Bitcoin-Transaktionen davon unberührt, da es rechnerisch unmöglich ist, private Schlüssel aus öffentlichen Schlüsseln zurückzuentwickeln und zu extrahieren.

Private Schlüssel sind von entscheidender Bedeutung für die Feststellung des Eigentums an Bitcoin und die Validierung von Transaktionen. Sie werden mit Hilfe kryptographischer Techniken gleichzeitig mit öffentlichen Schlüsseln generiert. Da private Schlüssel den alleinigen Zugriff auf die mit dem entsprechenden öffentlichen Schlüssel verknüpften Gelder gewähren, müssen sie verborgen und an einem sicheren Ort aufbewahrt werden. Benutzer können Transaktionen unterzeichnen, ihr Eigentum nachweisen und den Geldtransfer genehmigen, indem sie über den privaten Schlüssel verfügen. Private Schlüssel müssen vor Diebstahl, Verlust und unbefugtem Zugriff geschützt werden, da jeder Verstoß den Verlust der Kontrolle über Bitcoin-Vermögenswerte bedeuten könnte.

Obwohl sie unterschiedlich funktionieren, sind öffentliche und private Schlüssel mathematisch miteinander verbunden. Obwohl private Schlüssel zur Erstellung öffentlicher Schlüssel verwendet werden, ist es rechnerisch unmöglich, das Gegenteil zu erreichen, um die Sicherheit des Systems zu gewährleisten. Um die Verbindung zwischen diesen Schlüsseln herzustellen, kommt die Ellipsen Kurven-Kryptographie zum Einsatz, eine zuverlässige und effektive Methode zur Erstellung von Schlüsselpaaren. Die Authentizität und Integrität von Bitcoin-Transaktionen wird durch die mathematische Beziehung zwischen den Schlüsseln gewährleistet, die die Überprüfung digitaler Signaturen ermöglicht.

Die Herstellung von Schlüsseln ist ein entscheidender Schritt für die Sicherheit von Bitcoin. Private Schlüssel werden häufig mithilfe von Pseudozufallszahlengeneratoren oder spezieller Hardware erstellt, die beide ein hohes Maß an Unvorhersehbarkeit aufweisen. Um die Unvorhersehbarkeit und Einzigartigkeit privater Schlüssel sicherzustellen, müssen zuverlässige Zufalls Quellen verwendet werden. Ein sicheres Schlüsselpaar kann erstellt werden, indem zunächst der private Schlüssel generiert und dann mit Hilfe mathematischer Operationen der entsprechende öffentliche Schlüssel ermittelt wird.

Eine für Menschen lesbare Darstellung des zugrunde liegenden öffentlichen Schlüssels wird durch Bitcoin-Adressen bereitgestellt. Sie werden mit Base58- oder Base32-Verschlüsselungstechniken kodiert und mit Hilfe kryptografischer Hash-Algorithmen aus dem öffentlichen Schlüssel gewonnen. Benutzer können ihre öffentlichen Schlüssel problemlos über Bitcoin-Adressen teilen, was Transaktionen und andere Netzwerkaktivitäten beschleunigt. Obwohl Bitcoin-Adressen aus öffentlichen Schlüsseln abgeleitet werden, ist es wichtig zu bedenken, dass sie weder den zugehörigen öffentlichen noch den privaten Schlüssel preisgeben, um die Sicherheit und Anonymität des Schlüsselpaars zu schützen.

Der Kern der Sicherheit von Bitcoin ist die Verwendung öffentlicher und privater Schlüssel. Ohne die Hilfe einer zentralen Behörde verwendet Bitcoin asymmetrische Verschlüsselung, um die Eigentumsübertragung und Transaktions Autorisierung zu schützen. Private Schlüssel stellen sicher, dass nur autorisierte Personen auf die entsprechenden Gelder zugreifen und diese kontrollieren können, während

öffentliche
Schlüssel die transparente Überprüfung von Transaktionen ermöglichen. Diese kryptografische Struktur gibt Bitcoin-Nutzern die Kontrolle über ihre Vermögenswerte und schützt sie vor Missbrauch oder Manipulation.
Das Herzstück des Bitcoin-Sicherheit Rahmens sind öffentliche und private Schlüssel, die sichere Transaktionen und eine dezentrale Netzwerk-Eigentumsverwaltung ermöglichen. Jeder, der Bitcoin nutzt, muss mit den Ideen und Zwecken öffentlicher und privater Schlüssel vertraut sein. Wer die Bedeutung dieser kryptografischen Schlüssel versteht, kann das Bitcoin-Ökosystem getrost durchqueren und die Sicherheit und Integrität seiner digitalen Vermögenswerte gewährleisten.

Kapitel IV: Bitcoin-Mining

Erklärung zum Bitcoin-Mining

Die erste Kryptowährung, Bitcoin, läuft in einem dezentralen Netzwerk, das durch ein Verfahren namens Mining aufrechterhalten wird. Die Validierung von Transaktionen, der Schutz des Netzwerks und das Inverkehrbringen neuer Bitcoins sind wichtige Funktionen des Bitcoin-Minings. In diesem Abschnitt wird die komplexe Welt des Bitcoin-Mining untersucht, zusammen mit den zugrunde liegenden Konzepten, dem Mining-Verfahren, der Funktion der Miner und ihren Auswirkungen auf das Bitcoin-Ökosystem.

Als Grundlage der Kryptowährung gewährleistet das Bitcoin-Mining die Vertrauenswürdigkeit, Sicherheit und Transparenz seiner Börsen. Im Wesentlichen umfasst das Mining die Authentifizierung neuer Transaktionen und deren Einfügung in die Blockchain, das offene Hauptbuch, das alle Bitcoin-Transaktionen verfolgt. Dieses Verfahren erfordert den Einsatz fortschrittlicher Technologie, Rechenkapazität und die Teilnahme an einem Wettlauf um die Lösung anspruchsvoller mathematischer Rätsel.

Die Validierung und Authentifizierung von Transaktionen ist die Hauptaufgabe von Bitcoin-Minern. Eine neue Transaktion wird beim Start an das Netzwerk gesendet. Diese Transaktionen werden von Minern gesammelt und einem Block hinzugefügt, einer Sammlung von Transaktionen, die auf ihre Verifizierung warten. Es liegt in der Verantwortung des Miners, die Legitimität jeder Transaktion zu überprüfen und sicherzustellen, dass der Absender über die erforderlichen Mittel verfügt und die Transaktion nicht dupliziert oder betrügerisch ist. Sobald die Transaktion validiert wurde, fügt der Miner den Block der Blockchain hinzu und bindet ihn dauerhaft in das Bitcoin-Netzwerk ein.

„Proof of Work", eine Methode, die die Sicherheit und Integrität der Blockchain garantiert, ist die Grundlage des Bitcoin-Minings. Bergleute konkurrieren darum, ein mathematisches Rätsel namens „Hash-Puzzle" zu lösen. Um dieses Rätsel zu lösen, müssen Miner eine bestimmte Zahl namens Nonce finden, die in Verbindung mit den Daten des Blocks einen Hash-Wert mit einem bestimmten Satz von Eigenschaften ergibt. Um eine konstante Block Produktionsrate aufrechtzuerhalten, passt sich der Schwierigkeitsgrad, der durch die zur Lösung dieses Rätsels erforderliche Rechenleistung entsteht, dynamisch an die Gesamtleistung des Netzwerks an. Bergbau ist nicht nur eine selbstlose Tätigkeit; Bergleute erhalten eine Entschädigung für ihre Arbeit. Neu erstellte Bitcoins werden an den erfolgreichen Miner übergeben, der das Hash-Puzzle vervollständigt und der Blockchain einen Block hinzugefügt. Die Anzahl der Bitcoins in dieser Belohnung, die als „Block-Belohnung" bezeichnet wird, ist vorab festgelegt und wird alle vier Jahre in einem als „Halbierung" bezeichneten Prozess halbiert. Zusätzlich zur Block Belohnung erhalten Miner auch Transaktionsgebühren für die im Block enthaltenen Transaktionen. Diese Belohnungen ermutigen Bergleute, Geld für ihren Betrieb auszugeben und tragen zur Sicherheit und Stabilität des Bitcoin-Netzwerks bei.

Bitcoin-Mining erfordert spezielle Technologie und verbraucht viel Energie. Frühe Bitcoin-Miner konnten ihre Arbeit mithilfe herkömmlicher Computer Prozessoren (CPUs) effizient erledigen. Schon bald wechselten die Miner zu spezialisierter Hardware, den so genannten anwendungsspezifischen integrierten Schaltkreisen (ASICs), aber als das Netzwerk expandierte und das Mining schwieriger wurde, wechselten sie zu leistungsstärkeren Grafikprozessoren (GPUs). Diese robusten Geräte wurden speziell für den Bergbau entwickelt und maximieren die Verarbeitungsleistung bei gleichzeitiger Reduzierung des Energieverbrauchs. Aufgrund der negativen Auswirkungen auf die Umwelt ist der Energieverbrauch des Bergbaus jedoch in die Kritik geraten.

Einzelne Bergleute haben es jetzt schwerer, mit größeren Bergbau-Betrieben zu konkurrieren, da die Schwierigkeit beim Bergbau zugenommen hat. Aus diesem Grund haben Miner Mining-Pools geschaffen, in denen sie ihre Ressourcen und Rechenleistung bündeln, um die Wahrscheinlichkeit zu maximieren, dass sie den Hash-Code knacken und Belohnungen erhalten. Um den einzelnen Minern einen stabilen Einkommensstrom zu bieten, verteilen Mining-Pools die Belohnungen entsprechend ihrer beigestellten Rechenleistung an die Teilnehmer.

Das Bitcoin-Ökosystem wird durch das Bitcoin-Mining erheblich beeinflusst. Es bietet die erforderliche Infrastruktur, um Transaktionen zu überprüfen, das Netzwerk vor böswilligen Angriffen zu schützen und den dezentralen Charakter der Kryptowährung aufrechtzuerhalten. Indem neue Bitcoins mit einer kontrollierten und vorhersehbaren Geschwindigkeit in Umlauf gebracht werden, fungiert das Mining auch als Deflation Mechanismus. Darüber hinaus trägt es dazu bei, das Vermögen gleichmäßig über das gesamte Bitcoin-Netzwerk zu verteilen.

Das Bitcoin-Mining ist das Herzstück des Kryptowährung Betriebs und gewährleistet die Dezentralisierung, Integrität und Sicherheit des Netzwerks. Die Validierung von Transaktionen, das Lösen komplexer Rätsel und die Schaffung neuer Bitcoins sind alles entscheidende Aufgaben, die von Minern ausgeführt werden. Mining ist nach wie vor ein entscheidendes Element des Bitcoin-Netzwerks und unterstützt dessen Funktionalität und Zuverlässigkeit als erste dezentrale digitale Währung der Welt.

Die Rolle der Bergleute

Das Blockchain-Netzwerk, auf dem Bitcoin, eine dezentrale digitale Währung, läuft, wird von einer Gruppe von Menschen geschützt, die als Miner bekannt sind. Im Bitcoin-Ökosystem spielen Miner eine entscheidende Rolle, indem sie wichtige Aktivitäten wie Transaktions Validierung, Block Erstellen und Netzwerksicherheit durchführen. In diesem Abschnitt werden die vielfältigen Funktionen untersucht, die Miner im Bitcoin-Ökosystem spielen, wobei der Schwerpunkt auf ihren Aufgaben, Belohnungen und Auswirkungen auf die Zuverlässigkeit und Effizienz des Netzwerks liegt.

Die Validierung von Transaktionen im Bitcoin-Netzwerk ist eine der Hauptaufgaben von Minern. Eine von einem Benutzer gestartete Transaktion wird an das Netzwerk gesendet und von Minern erfasst. Diese Transaktionen werden von Minern gesammelt, die auch deren Legitimität und die Einhaltung der vordefinierten Regeln des Bitcoin-Protokolls garantieren. Dieses Verfahren umfasst die Überprüfung der Integrität der gesamten Transaktion, die Bestätigung, dass der Absender über ausreichende Mittel verfügt, und die Vermeidung doppelter Ausgaben. Miner tragen dazu bei, die Integrität und Zuverlässigkeit des Bitcoin-Netzwerks zu wahren, indem sie sorgfältig an der Validierung arbeiten.

Miner sind neben der Validierung von Transaktionen auch für das Hinzufügen neuer Blöcke zur Blockchain von entscheidender Bedeutung. Eine Gruppe verifizierter Transaktionen wird als Block in die Blockchain hochgeladen. Der Proof-of-Work-Algorithmus ist ein herausforderndes mathematisches Rätsel, um dessen Lösung die Miner konkurrieren, indem sie validierte Transaktionen sammeln, sie in Blöcke gruppieren und schürfen. Der Block wird vom ersten Miner, der das Problem richtig löst, zur Blockchain hinzugefügt, wodurch die Transaktionen geschützt und für ihre Arbeit belohnt werden. Aufgrund dieses Blog Bildungsprozesses werden alle Bitcoin-Transaktionen in einer chronologischen und unveränderlichen Aufzeichnung gespeichert.

Das Bitcoin-Netzwerk wird von Männern bewacht, die als erste Verteidigungslinie gegen eine Vielzahl von Bedrohungen fungieren. Die allgemeine Sicherheit und Angriffe Resistenz des Netzwerks verbessern sich, da mehr Miner Rechenleistung beisteuern. Die Rechenleistung der Miner dient als Abschreckung für böswillige Akteure, die versuchen, die Blockchain zu manipulieren, doppelte Ausgaben zu

tätigen
oder auf andere Weise die Funktionalität des Netzwerks zu beeinträchtigen. Durch die Aufrechterhaltung eines dezentralen Netzwerks von Minern erreicht Bitcoin eine hohe Sicherheit und Widerstandsfähigkeit gegenüber potenziellen Bedrohungen.

Um die Zuverlässigkeit und den kontinuierlichen Betrieb des Netzwerks aufrechtzuerhalten, spielen Miner eine wichtige Rolle im Bitcoin-Ökosystem. Der Mining-Prozess erfordert von den Minern erhebliche Investitionen in Rechenleistung, spezielle Hardware und Strom. Als Entschädigung werden den Minern neu geschaffene Bitcoins und Transaktionsgebühren ausgezahlt. Die Block Belohnung, die mit neu geschaffenen Bitcoins einhergeht, bietet Minern einen Anreiz, ihre Rechenressourcen für die Netzwerksicherheit einzusetzen. Um die kontinuierliche

Beteiligung und Unterstützung der Miner am Bitcoin-Ökosystem sicherzustellen, tragen die mit validierten Transaktionen verbundenen Transaktionsgebühren ebenfalls zu ihrem Einkommen bei.

Der Mining-Schwierigkeitsgrad passt sich ständig an die Gesamtmenge der im Mining-Prozess verwendeten Rechenleistung an, um die Sicherheit und Stabilität des Bitcoin-Netzwerks zu gewährleisten. Je mehr Miner dem Netzwerk beitreten, desto schwieriger wird es, eine konstante Block Generierung Rate aufrechtzuerhalten. Im Gegensatz dazu passt sich die Schwierigkeit nach unten an, wenn die Rechenleistung des Netzwerks abnimmt, um die Funktionsfähigkeit des Netzwerks aufrechtzuerhalten. Dieser selbstregulierende Mechanismus fördert eine sichere und effektive Bitcoin-Umgebung, indem er ein Gleichgewicht zwischen Mining-Aktivitäten und dem Konsensprozess des Netzwerks aufrechterhält.

Einzelne Bergleute können beim erfolgreichen Abbau von Blöcken auf Schwierigkeiten stoßen, da die Komplexität des Bergbaus zunimmt und der Wettbewerb im Bergbau intensiver wird. Um diese Schwierigkeiten zu überwinden, haben Miner Mining-Pools gegründet, kooperative Netzwerke, die ihre Verarbeitungskapazitäten bündeln, um die Wahrscheinlichkeit zu erhöhen, dass sie Blöcke zum Mining finden und Belohnungen erhalten. Abhängig von der bereitgestellten Verarbeitungskapazität der Teilnehmer teilen Mining-Pools die Gewinne unter ihnen auf. Diese kooperative Strategie verringert die Volatilität der Auszahlungen, die beim Solo-Mining auftreten kann, und ermöglicht einzelnen Minern den Zugang zu einer stabilen Einnahmequelle.

Der Energieverbrauch und die möglichen Umweltauswirkungen des Bitcoin-Minings haben Aufmerksamkeit erregt. Aufgrund der eingesetzten speziellen Technologie und der erforderlichen Rechenleistung verbraucht der Bergbau viel Strom. Es wird versucht, den Einsatz erneuerbarer Energiequellen im Bergbau zu fördern und eine energieeffizientere Bergbautechnologie zu schaffen, um Nachhaltigkeitsproblemen zu begegnen. Die Bitcoin-Community ist ständig auf der Suche nach neuen Wegen, um die Auswirkungen des Minings auf die Umwelt zu reduzieren und gleichzeitig die Dezentralisierung und Sicherheit des Netzwerks aufrechtzuerhalten.

Im Bitcoin-Ökosystem sind Miner von entscheidender Bedeutung für die Aufrechterhaltung der Transaktionen, Integrität, die Erstellung neuer Blöcke und den Schutz des Netzwerks vor Eindringlingen. Sie sind für die Überprüfung von

Transaktionen, den Aufbau von Blöcken, die Aufrechterhaltung des Konsenses und den Schutz des Netzwerks verantwortlich. Miner tragen durch ihre Rechenleistung und ihr Engagement zur Stabilität, Zuverlässigkeit und Dezentralisierung des Bitcoin-Netzwerks bei. Bergleute passen sich weiterhin an, entwickeln Innovationen und tragen zum kontinuierlichen Erfolg der bekanntesten Kryptowährung der Welt bei, während sich die Bitcoin-Umgebung verändert.

Vor- und Nachteile des Bergbaus

In der Welt der Kryptowährungen ist die Validierung von Transaktionen und der Schutz des Netzwerks durch Bitcoin-Mining zu einem lukrativen Unterfangen geworden. Während der Bergbau viele Vorteile hat, gibt es auch Schwierigkeiten und potenzielle Nachteile. In diesem Abschnitt werden die Vor- und Nachteile des Bitcoin-Minings untersucht, wobei der Schwerpunkt auf den Vorteilen, den Auswirkungen auf die Umwelt, Skalierbarkeit, Problemen und der sich verändernden Mining-Umgebung im digitalen Zeitalter liegt.

Die potenziellen Vorteile und Anreize, die das Bitcoin-Mining bieten kann, sind einer der Hauptfaktoren für seine Attraktivität. Als Belohnung für ihre Arbeit im Mining-Prozess erhalten Miner möglicherweise frisch erstellte Bitcoins und Transaktionsgebühren. Diese Belohnungen bieten Menschen einen finanziellen Anreiz, ihre Rechenleistung zu spenden und die Sicherheit des Netzwerks zu unterstützen und dies auch zu tun.

Eine Schlüsselkomponente des Bitcoin-Minings ist die Netzwerksicherheit und Transaktions Validierung. Die Genauigkeit der Transaktionen und die Einhaltung der festgelegten Richtlinien des Bitcoin-Protokolls werden durch Miner gewährleistet, die bei der Überprüfung von Transaktionen eine wesentliche Rolle spielen. Miner stärken die Integrität und Zuverlässigkeit der Blockchain, indem sie Transaktionen bestätigen und sie so widerstandsfähiger gegen Angriffe und betrügerische Aktivitäten machen.

Ein Schlüsselprinzip der Kryptowährung, die Dezentralisierung, wird durch das Bitcoin-Mining gefördert. Jeder, der über die erforderliche Hard- und Software verfügt, kann am Mining-Prozess teilnehmen. Aufgrund dieser „demokratisierten" Methode ist die Befugnis zur Authentifizierung von Transaktionen und zum Schutz des Netzwerks auf eine Vielzahl von Personen aufgeteilt, was verhindert, dass sie in den Händen einer kleinen Anzahl zentralisierter Institutionen konzentriert wird.

Die Bergbauindustrie ist sehr wettbewerbsintensiv, was Erfindungen und technologischen Fortschritt fördert. Aufgrund des anhaltenden Bestrebens der Bergleute, die Produktivität ihrer Bergbaubetriebe zu steigern, haben die Hardware-Entwicklung und -Optimierung Fortschritte gemacht. Diese Entwicklung kommt den Minern sowie der allgemeinen Erweiterung und Haltbarkeit des Bitcoin-Netzwerks zugute.

Insbesondere in benachteiligten Gebieten bietet Bitcoin-Mining Perspektiven für finanzielle Inklusion und Entwicklung. Einzelpersonen können auf das globale Finanzsystem zugreifen, an digitalen Transaktionen teilnehmen und möglicherweise ihre finanzielle Situation verbessern, indem sie Bitcoins schürfen und diese verdienen.

Die erheblichen Umweltauswirkungen des Bitcoin-Minings sind eines der Hauptprobleme. Aufgrund der energieintensiven Natur des Bergbaus und der Abhängigkeit von nicht erneuerbaren Energiequellen wurden Bedenken hinsichtlich CO2-Emissionen und Nachhaltigkeit geäußert. Um diese Umweltprobleme anzugehen, entwickelt der Bergbausektor energieeffizientere Bergbautechnologien

und
fördert die Nutzung erneuerbarer Energiequellen.

Aufgrund der zunehmenden Rivalität im Bergbau sind Bedenken hinsichtlich einer Zentralisierung entstanden. Größere Bergbaubetriebe, die Zugang zu erheblicher Rechenkapazität haben, gewinnen einen Vorteil, wenn die Schwierigkeit des Bergbaus zunimmt, was möglicherweise dazu führt, dass die Bergbaumacht in den Händen einiger weniger Unternehmen konzentriert wird. Der dezentrale Charakter von Bitcoin wird durch diese Konzentration gefährdet, was auch Bedenken hinsichtlich der Sicherheit und Ausfallsicherheit des Netzwerks aufkommen lässt.

ASICs können beispielsweise kostspielig in der Anschaffung und Wartung sein, sind aber für den Bergbau notwendig. Aufgrund des rasanten technologischen Fortschritts kann es sein, dass Bergbauausrüstung bald veraltet ist und häufige Änderungen erfordert. Für Bergleute könnten diese Kosten- und Ausrüstungsinvestitionen Probleme und finanzielle Risiken mit sich bringen.

Die Skalierung von Bitcoin stellt das Mining vor Schwierigkeiten. Die Blockchain wächst mit dem Netzwerk und erfordert zusätzliche Rechenleistung, um Transaktionen effizient zu verarbeiten und zu validieren. Innerhalb der Bitcoin-Community kam es aufgrund dieses Skalierungsproblems zu anhaltenden

Diskussionen und Debatten über mögliche Abhilfemaßnahmen und Verbesserungen der Netzwerkkapazität.

Da das Unternehmen in verschiedenen Gerichtsbarkeiten unter unterschiedlichen Rahmenbedingungen tätig ist, müssen Bergbaubetriebe regulatorische und rechtliche Einschränkungen bewältigen. Bergleute können aufgrund der Einhaltung sich ändernder Vorschriften und bevorstehender Gesetzesänderungen Unsicherheit erleben. Daher müssen sie informiert bleiben und ihre Abläufe anpassen.

Die Branche erforscht eine Reihe von Innovationen und Lösungen, um die Probleme im Zusammenhang mit dem Bitcoin-Mining anzugehen. Um den mit Bergbau Betrieben verbundenen CO2-Fußabdruck zu minimieren und einen nachhaltigeren Ansatz beim Energieverbrauch sicherzustellen, werden Anstrengungen unternommen, die Nutzung erneuerbarer Energiequellen zu fördern.

Initiativen zur Dezentralisierung von Mining-Pools und zur Erforschung alternativer Konsens Mechanismen wie Proof-of-Stake (PoS), die die Mining-Leistung gerechter verteilen und den dezentralen Aspekt des Bitcoin-Netzwerks aufrechterhalten, werden entwickelt, um Bedenken hinsichtlich der Zentralisierung zu zerstreuen.
Die Entwicklung des Bergbaus wird immer noch durch technologische Entwicklungen vorangetrieben. Von der Erforschung neuartiger Mining-Algorithmen bis hin zur Produktion effektiverer ASICs werden kontinuierlich Fortschritte

gemacht,
um die Energieeffizienz, die Skalierbarkeit und die Gesamteffizienz des Mining-Prozesses zu steigern.

Teilnehmer des virtuellen Goldrauschs haben Zugang zu den Vor- und Nachteilen

des
Bitcoin-Minings. Miner werden von der Möglichkeit des finanziellen Gewinns, der Transaktion Validierung und der Netzwerksicherheit angezogen, aber es gibt auch Schwierigkeiten, die berücksichtigt werden müssen, einschließlich des Einflusses der Umgebung, Bedenken hinsichtlich der Zentralisierung, der Hardwarekosten, der Skalierbarkeit und regulatorischer Probleme.
Die Bitcoin-Community kann proaktiv eine integrative, sicherere und nachhaltigere Zukunft für diese bahnbrechende digitale Währung gestalten, indem sie diese Nachteile durch nachhaltiges Verhalten, Dezentralisierung Initiativen, technologische Fortschritte und geeignete regulatorische Rahmenbedingungen proaktiv angeht. Das Verständnis der Vor- und Nachteile des Bergbaus ist entscheidend, um den

langfristigen Erfolg und die Lebensfähigkeit von Bitcoin als dezentrales Finanzsystem zu gewährleisten.

Kapitel V: In Bitcoin investieren

So kaufen Sie Bitcoin

Als dezentraler digitaler Vermögenswert hat Bitcoin, die beliebteste Kryptowährung der Welt, in Bezug auf seine Attraktivität erheblich zugenommen. Das Interesse der Menschen an Bitcoin steigt immer weiter und sie suchen daher nach immer mehr Möglichkeiten, an diese digitale Währung zu gelangen. Dieser Abschnitt dient als vollständige Anleitung zum Kauf von Bitcoin. Dies geschieht durch die Bereitstellung von Schritt-für-Schritt-Anleitungen, die Abdeckung verschiedener Kaufmöglichkeiten, die Hervorhebung von Sicherheitsaspekten und die Analyse der sich ständig verändernden Landschaft des Bitcoin-Erwerbs.

Bitcoin-Börsen sind die wichtigsten Plattformen für den Kauf und Verkauf von Bitcoin. Sie ermöglichen Benutzern den Kauf und Handel von Bitcoin. Über diese Online-Marktplätze können Einzelpersonen Fiat-Währungen wie den US-Dollar oder den Euro gegen Bitcoin tauschen. Bevor man mit dem Kauf von Bitcoin beginnt, ist es unbedingt erforderlich, eine vertrauenswürdige und sichere Börse auszuwählen, die den eigenen Bedürfnissen und Anforderungen entspricht.

Schritt 1: Einrichten eines Bitcoin-Wallets

Um Bitcoin kaufen zu können, ist es notwendig, über eine sichere digitale Geldbörse
zu verfügen, in der die gekauften Coins aufbewahrt und verwaltet werden.
Bitcoin-Wallets können Desktop-Wallets, mobile Wallets, Web-Wallets oder sogar
Hardware-Wallets sein. Desktop-Wallets sind die häufigste Art von Bitcoin-Wallets.
Jeder Typ verfügt über seine eigenen einzigartigen Eigenschaften und Schutzgrade.
Um die Sicherheit Ihrer Bitcoin-Vermögenswerte zu gewährleisten, ist es wichtig, ein
Wallet auszuwählen, das ein zufriedenstellendes Maß an Benutzerfreundlichkeit und
Sicherheit bietet.

Schritt 2: Kontoerstellung und -verifizierung

Der nächste Schritt nach der Auswahl einer Bitcoin-Börse ist die Registrierung eines
Kontos auf der entsprechenden Plattform. Im Rahmen des Know Your Customer
(KYC)-Prozesses erfordert dies normalerweise die Übermittlung personenbezogener
Daten wie Name, E-Mail-Adresse und manchmal auch Ausweisdokumente. Um
betrügerische Handlungen zu bekämpfen und die Einhaltung gesetzlicher
Vorschriften zu gewährleisten, werden Know Your Customer (KYC)-Verfahren
eing eführ t.

Schritt 3: Aufladen des Kontos

Bevor man Bitcoin kaufen kann, muss man zunächst Geld auf ein Börsenkonto
einzahlen. Bitcoin-Börsen bieten oft eine Vielzahl von Finanzierungsmöglichkeiten an,
am häufigsten sind Banküberweisungen, Zahlungen mit Kredit- oder Debitkarten und
gelegentlich auch andere Zahlungsmethoden wie PayPal oder alternative
Kryptowährungen. Jede mögliche Methode der Mittelbeschaffung bringt ihre eigenen
Vor- und Nachteile mit sich, wie zum Beispiel unterschiedliche Transaktionskosten,
Bearbeitungszeiträume und Grenzwerte.

Schritt 4: Kaufauftrag erteilen

Wenn das Währungsumtausch Konto aufgeladen ist, besteht der nächste Schritt darin,
einen Auftrag zum Erwerb von Bitcoin zu erteilen. Bitcoin-Börsen bieten in der Regel
eine Vielzahl von Ordneroptionen an, darunter Market Orders, Limit Orders und
andere. Benutzer können Bitcoin zum aktuellen Marktpreis mit einer Market Order

erwerben. Mit einer Limit-Order können Benutzer jedoch den Preis festlegen, den sie für Bitcoin zahlen möchten, und warten, bis der Markt dieses Niveau erreicht, bevor sie die Transaktion ausführen. Markt Aufträge sind häufiger.

Schritt 5: Bitcoin-Bestände schützen

Wichtig ist, dass nach einem erfolgreichen Bitcoin-Kauf die neu erworbenen Coins schnellstmöglich von der Börse in ein sicheres und privates persönliches Wallet transferiert werden. Wenn Bitcoin an einer Börse belassen wird, ist die Kryptowährung potenziellen Sicherheitsbedrohungen ausgesetzt, da Börsen anfällig für Hackerangriffe oder andere Arten von Sicherheitsverletzungen sind. Einzelpersonen können die volle Kontrolle und das Eigentum an ihren digitalen Vermögenswerten erlangen, indem sie Bitcoin auf eine persönliche Wallet übertragen. Dies verbessert den Schutz des Benutzers und verringert seine Abhängigkeit von Plattformen Dritter.

Beim Kauf von Bitcoin ist es wichtig, der Sicherheit Priorität einzuräumen, um sich vor möglichen Bedrohungen zu schützen. Im Folgenden finden Sie eine Liste wichtiger Sicherheitsüberlegungen und empfohlener Vorgehensweisen:

Es ist wichtig, vor der Durchführung von Bitcoin-Transaktionen eine umfassende Studie durchzuführen und alle erforderlichen Due-Diligence-Prüfungen durchzuführen. Wählen Sie renommierte Börsen, die nachweislich vertrauenswürdig sind und über solide Sicherheitsvorkehrungen verfügen. Suchen Sie nach Kryptowährung Börsen mit positiven Kundenbewertungen und einer transparenten Strategie zum Ausräumen von Sicherheitsbedenken. Informieren Sie sich über die Sicherheitsmaßnahmen, die die Börse bietet, wie z. B. die Speicherung von Geldern in einem Cold Storage, Zwei-Faktor-Authentifizierung (2FA) und Datenverschlüsselung. Sie können das Risiko, Opfer betrügerischer Aktivitäten oder einer Sicherheitsverletzung zu werden, minimieren, indem Sie eine Börse mit gutem Ruf nutzen.

Die Aktivierung der Zwei-Faktor-Authentifizierung, auch bekannt als 2FA, ist ein wesentlicher Schritt zur Verbesserung der Sicherheit Ihrer Bitcoin-Bestände und sollte niemals übersprungen werden. Durch die Einrichtung einer Zwei-Faktor-Authentifizierung (2FA) können Sie einen zusätzlichen Schutz vor illegalem Zugriff auf Ihre Börse und Ihr persönliches Wallet hinzufügen. Die

Verwendung der 2. Faktor-Authentifizierung (2FA) zur Überprüfung Ihrer Identität bei Anmeldeversuchen erfordert häufig einen zusätzlichen Überprüfung Schritt, beispielsweise einen eindeutigen Code, der von einer Authentifizierung Anwendung erstellt oder per SMS empfangen wird. Selbst wenn Ihr Passwort gestohlen wird, verringert dieser zusätzliche Schutz die Wahrscheinlichkeit, dass sich unbefugte Benutzer anmelden können, erheblich.

Es ist wichtig, die Software und Anwendungen auf Ihrem Wallet regelmäßig zu aktualisieren, um das bestmögliche Sicherheitsniveau zu gewährleisten. Entwickler veröffentlichen häufig neue Versionen der Software sowie Updates und Patches, um etwaige Sicherheitslücken zu schließen und das Produkt insgesamt sicherer zu machen. Sie können sicherstellen, dass Ihr Wallet vor bekannten Gefahren und Schwachstellen geschützt ist, indem Sie Updates anwenden, sobald diese verfügbar sind. Dadurch wird Ihr Portemonnaie mit den neuesten Sicherheitsfunktionen ausg estattet.

Wenn Sie Bitcoins über einen längeren Zeitraum aufbewahren, sollten Sie über den Einsatz einer Cold-Storage-Lösung oder einer Hardware-Wallet nachdenken. Die Praxis, Ihre privaten Schlüssel offline und vor möglichen Gefahren durch das Internet zu speichern, wird als Cold Storage bezeichnet. Sie können dieses Ziel erreichen, indem Sie Ihre privaten Schlüssel auf physischen Medien speichern, beispielsweise auf einem USB-Stick oder einer Papier Geldbörse. Andererseits handelt es sich bei Hardware-Wallets um spezielle Geräte, die dazu dienen, private Schlüssel offline und sicher aufzubewahren. Sie verleihen Ihrem Computer oder Mobilgerät ein weiteres Maß an Sicherheit, indem sie die privaten Schlüsselinformationen vor potenziellen Viren oder Hacking-Angriffen auf diesen Geräten schützen. Sie können die Wahrscheinlichkeit von Online-Angriffen auf Ihre Bitcoin-Bestände verringern,

indem
Sie ein Cold-Storage-Wallet oder ein Hardware-Wallet verwenden.
In der digitalen Welt sind Phishing-Bemühungen extrem weit verbreitet und auch
Bitcoin-Besitzer sind vor den Risiken dieser Angriffe nicht gefeit. Auch
Phishing-E-Mails können von Angreifern verschickt werden, ebenso wie die
Erstellung gefälschter Websites, die echten Wallet-Anbietern und Börsen ähneln. Sie
beabsichtigen, Benutzer dazu zu verleiten, entweder ihre privaten Schlüssel oder
andere sensible Informationen preiszugeben. Zu Ihrer eigenen Sicherheit sollten Sie
nach Phishing-Betrügereien Ausschau halten und vorsichtig vorgehen, wenn Sie mit
E-Mails, Links oder Websites interagieren, die für Sie unerwartet sind. Wenn Sie

vertrauliche Informationen in eine Website eingeben, sollten Sie immer sicherstellen, dass die Website echt ist und Sie eine sichere Verbindung (HTTPS) verwenden. Seien Sie stets äußerst vorsichtig, wenn Sie auf unerwünschte E-Mails antworten, in denen Sie nach Ihrem privaten Schlüssel oder Anmeldeinformationen gefragt werden.

Die Landschaft des Bitcoin-Kaufs verändert sich ständig und es entstehen neue Methoden, um den unterschiedlichen Vorlieben und Anforderungen der Käufer gerecht zu werden. Peer-to-Peer-Plattformen (P2P), Bitcoin-Geldautomaten (ATMs) und dezentrale Börsen (DAs) sind einige Beispiele für Alternativen zu herkömmlichen Börsen. Diese Alternativen bieten Benutzern zusätzliche Optionen zum Erwerb von Bitcoin, die jeweils ein unterschiedliches Maß an Privatsphäre, Einfachheit und Zugänglichkeit bieten.

Etwas Bitcoin in die Hände zu bekommen, ist der Beginn eines aufregenden Abenteuers in der Welt der Kryptowährung. Einzelpersonen können Bitcoin beruhigt und sicher kaufen, wenn sie sich an einen methodischen Prozess halten, der die Einrichtung einer sicheren Wallet, die Auswahl einer vertrauenswürdigen Börse, die Finanzierung des Kontos, die Platzierung von Kaufverträgen und die Priorisierung umfasst der Sicherheit. Es ist notwendig, über neue Methoden, Sicherheits-Praktiken und regulatorische Entwicklungen informiert zu sein, um fundierte Urteile zu fällen und den Weg zum Bitcoin-Besitz effektiv zu beschreiten. Da sich die Bitcoin-Erwerbs-Landschaft immer weiter ausdehnt, ist es wichtig, über diese Entwicklungen auf dem Laufenden zu bleiben.

Wallet-Typen und ihre Sicherheit

Heutzutage ist es von größter Bedeutung, sicherzustellen, dass Ihre Bitcoin-Bestände sicher und zuverlässig sind. Bitcoin-Wallets sind die Tore, über die Sie Ihre digitalen Vermögenswerte verwalten und speichern können. Es ist wichtig, dass Sie sich der verschiedenen Wallet-Arten sowie der mit jedem Wallet-Typ verbundenen Sicherheitsprobleme bewusst sind. In diesem Abschnitt finden Sie eine umfassende Analyse der verschiedenen Arten von Bitcoin-Wallets und der von ihnen angebotenen Sicherheitsmaßnahmen. Wir können uns einen umfassenden Überblick über die Vor- und Nachteile jeder Art von Wallet verschaffen, indem wir uns mit Desktop- und mobilen Software-Wallets sowie Hardware-Wallets, Paper-Wallets und Web-Wallets befassen. Mit diesem Wissen können wir Entscheidungen treffen, die in unserem besten Interesse sind, um unsere Bitcoin-Bestände zu schützen.

Desktop-Wallets und mobile Wallets sind zwei Arten von Software-Wallets, die zum Speichern von Bitcoins verwendet werden können. Desktop-Wallets sind die häufigste Alternative zur Bitcoin-Speicherung. Desktop-Wallets sind Anwendungen, die auf den PCs der Benutzer installiert werden und ihnen die direkte Verwaltung ihrer vertraulichen Informationen ermöglichen. Obwohl Desktop-Wallets praktischer sind, besteht für Benutzer das Risiko, gehackt oder von bösartiger Software infiziert zu

werden. Desktop-Wallets können sicherer gemacht werden, indem regelmäßig nach
Betriebssystem- und Wallet-Software-Updates gesucht und diese installiert werden,
seriöse Antivirensoftware verwendet wird und Best Practices für sicheres Online-
Verhalten eingehalten werden. Auf der anderen Seite ermöglichen mobile Geldbörsen
den einfachen Zugriff auf Bitcoin, wann und wo immer Sie möchten. Sie bergen
jedoch die Gefahr, dass das Gerät verloren geht, gestohlen wird oder durch Malware
kompromittiert wird. Die Sicherheit mobiler Geldbörsen kann durch
Sicherheitsmethoden wie PIN-Codes (Personal Identification Number), biometrische
Authentifizierung und verschlüsselte Backups verbessert werden. Dennoch ist es
ebenso notwendig, das Gerät selbst zu sichern.

Bitcoin-Bestände sind durch das höchste Sicherheitsniveau geschützt, das bei
Hardware-Wallets verfügbar ist. Diese Offline-Speichergeräte dienen zur Speicherung
privater Schlüssel und schützen sie so vor Malware und anderen Online-Gefahren.
Hardware-Wallets erfordern, dass der Benutzer physischen Zugriff hat, um
Transaktionen zu initiieren, da sie private Schlüssel in einer isolierten Umgebung
erzeugen und speichern. Sie umfassen häufig Backup-Optionen, benutzerfreundliche
Schnittstellen und zusätzliche Sicherheitsmaßnahmen wie PIN-Codes und
Passphrase-Verschlüsselung. Auch wenn Hardware-Wallets eine überlegene Sicherheit
bieten, können die steile Lernkurve und die Vorlaufkosten einige Benutzer davon
abhalten, sie zu verwenden. Dennoch ist die Tatsache, dass sie Bitcoin gegen aus der
Ferne gestartete Angriffe verteidigen können, eine hervorragende Option für alle, die
sich Sorgen um ihr Sicherheitsniveau machen.

Papier Geldbörsen sind eine wunderbare Wahl für Personen, die nach einer Lösung
suchen, die für die Offline-Speicherung verwendet werden kann. Für Papier Börsen
sind die Generierung einer Bitcoin-Adresse sowie des dieser Adresse entsprechenden
privaten Schlüssel erforderlich. Diese Informationen werden dann ausgedruckt oder
auf Papier niedergeschrieben. Papier Geldbörsen sind eine äußerst sichere Form der
Offline-Speicherung, da sie nicht auf die gleiche Weise gehackt werden können wie
digitale Geldbörsen. Allerdings muss die physische Schwäche von Papier Börsen
berücksichtigt werden. Da der Verlust des Zugriffs auf die tatsächliche Kopie einer
Papiergeldbörse zum unwiederbringlichen Verlust von Geldern führen kann, ist es
wichtig, diese Geldbörsen vor Beschädigung, Verlust oder Diebstahl zu schützen.
Darüber hinaus ist es notwendig, Paper Wallets in einer sicheren Umgebung, offline

und aus vertrauenswürdigen Quellen zu generieren, um die Authentizität der privaten Schlüssel zu gewährleisten.

Web-Wallets, allgemein als Online-Wallets bezeichnet, sind Wallets, die private Schlüssel auf Servern speichern, die von Dritten verwaltet werden. Web-Wallets, auf die über Webbrowser zugegriffen werden können, ermöglichen den einfachen und bequemen Zugriff auf Gelder von jedem Gerät aus, sofern es über eine Internetverbindung verfügt. Web-Wallets sind zwar einfacher zu verwenden, bergen aber auch zusätzliche Gefahren für die Finanzdaten der Benutzer. Benutzer müssen auf die Sicherheitsvorkehrungen des Wallet-Anbieters vertrauen, da private Schlüssel auf Remote-Servern gespeichert werden. Es ist unbedingt erforderlich, Web-Wallet-Anbieter zu wählen, die einen guten Ruf haben und strenge Sicherheitsmethoden wie Zwei-Faktor-Authentifizierung (2FA), Verschlüsselung und Cold-Storage-Lösungen implementieren. Die regelmäßige Änderung von Passwörtern und die Vermeidung von Phishing-Angriffen sind zwei weitere Schritte, die unternommen werden müssen, um die Sicherheit von Online-Geldbörsen zu g ewährleisten.

Es spielt keine Rolle, welche Art von Geldbörse Sie verwenden. Es gibt ein paar Dinge, die Sie immer beachten sollten, um Ihr Geld zu schützen:

Sichern Sie regelmäßig die privaten Schlüssel oder Wiederherstellungsphrasen Ihrer Wallet und bewahren Sie sie an einem sicheren Ort auf, der nicht mit dem Internet verbunden ist. Dies stellt sicher, dass Sie Ihr Geld zurückerhalten können, falls Ihr Gerät verloren geht, beschädigt wird oder Ihre Brieftasche nicht mehr funktioniert.

Es ist wichtig, die Betriebssysteme aller Ihrer Geräte mit den neuesten Sicherheitspatches auf dem neuesten Stand zu halten. Ebenso können Sie durch die Pflege der neuesten Version Ihrer Wallet-Software von den neuesten Sicherheits Verbesserungen und Bug-Patches profitieren.

Aktivieren Sie die Zwei-Faktor-Authentifizierung (2FA) in jeder Situation, in der dies möglich ist. Durch die Verwendung einer zusätzlichen Verifizierung Ebene bei jedem Anmeldeversuch kann die Wahrscheinlichkeit eines unbefugten Zugriffs auf Ihre Bitcoin-Bestände erheblich verringert werden.

Verwenden Sie eine sichere Internetverbindung, z. B. ein virtuelles privates Netzwerk (VPN) oder ein privates Wi-Fi-Netzwerk, wenn Sie auf Ihr Wallet zugreifen oder

Transaktionen initiieren. Durch diese Maßnahme werden Ihre sensiblen Daten vor der Möglichkeit des Abhörens oder Abfangens geschützt.

Bewahren Sie den Großteil Ihres Bitcoin-Vermögens in einem Offline-Speichermedium wie einer Hardware-Wallet oder einer Paper-Wallet auf, wann immer dies möglich ist. Sie können die Wahrscheinlichkeit von Online-Angriffen auf Ihr Geld verringern, indem Sie Ihre privaten Schlüssel an einem Ort speichern, der über das Internet nicht zugänglich ist.

Sorgen Sie für ein Bewusstsein für die neuesten Bitcoin-Sicherheit Praktiken, mögliche Schwachstellen und neue Risiken, die im Bitcoin-Ökosystem auftreten können. Wenn Sie über die besten Verfahren zur Sicherung Ihrer Bitcoin-Bestände auf dem neuesten Stand sind, können potenziellen Sicherheitsbedrohungen immer einen Schritt voraus sein.

Um Ihre digitalen Vermögenswerte zu schützen, ist es wichtig sicherzustellen, dass Sie die richtige Art von Bitcoin-Wallet verwenden. Paper-Wallets bieten Offline-Sicherheitssoftware-Wallets bieten Zugänglichkeit, Hardware-Wallets bieten erstklassige Sicherheit und Web-Wallets bieten Komfort. Sie können Ihre Bitcoin-Bestände schützen, wenn Sie die Vor- und Nachteile jeder Wallet-Form verstehen und optimale Sicherheitsmaßnahmen wie Backup und Wiederherstellung, sichere Betriebssysteme, robuste Authentifizierung, sichere Netzwerke, Offline-Speicherung und kontinuierliche Schulung ergreifen in . Sie können sich sicher der digitalen Landschaft zurechtfinden und den langfristigen Schutz Ihrer wertvollen Bitcoin-Bestände gewährleisten, wenn Sie der Sicherheit Priorität einräumen.

Risiken und potenzielle Vorteile

Die erste Kryptowährung, Bitcoin, hat das Interesse von Investoren, Technologen und der breiten Öffentlichkeit geweckt. Obwohl Bitcoin faszinierende Möglichkeiten für monetäre Gewinne und technisches Wachstum bietet, ist es wichtig, die mit diesem virtuellen Vermögenswert verbundenen Risiken zu erkennen und zu verstehen. In diesem Abschnitt werden die Vorteile und Risiken von Bitcoin untersucht, wobei die Volatilität, Schwierigkeiten mit Vorschriften, Sicherheitsprobleme und mögliche Vorteile einer Investition und Teilnahme am Bitcoin-Ökosystem hervorgehoben werden.

Die Volatilität von Bitcoin ist eines seiner charakteristischen Merkmale. Erhebliche Preisschwankungen beim Bitcoin-Preis haben sowohl zu erheblichen finanziellen Gewinnen als auch zu Verlusten für die Anleger geführt. Zahlreiche Gründe wie Markt-Spekulationen, neue Vorschriften, makroökonomische Situationen und technische Durchbrüche sind die Ursachen für diese Preisvolatilität. Während diese Volatilität Aussichten auf enorme finanzielle Gewinne bietet, birgt sie auch Gefahren, da die Preise plötzlich fallen könnten, was dazu führen könnte, dass Anleger viel Geld verlieren.

Die Regulierung Landschaft, in der Bitcoin verwendet wird, ist noch in der Entwicklung und unterscheidet sich von Land zu Land. Die Einführung und Investition in Bitcoin sind aufgrund regulatorischer Hindernisse und Unsicherheit gefährdet. Regierungen auf der ganzen Welt diskutieren darüber, wie Kryptowährungen kategorisiert und kontrolliert werden sollen, was zu Änderungen des Gesetzes, der Steuerverfahren und der Regulierung Aktivitäten führen könnte. Solche Gesetzesänderungen können sich auf die Stimmung der Anleger auswirken und sich direkt auf den Preis von Bitcoin auswirken. Um potenzielle Risiken zu reduzieren, müssen Anleger und andere Teilnehmer des Bitcoin-Ökosystems mit den Gesetzesänderungen Schritt halten und ihre Methoden bei Bedarf anpassen.

Bitcoin ist anfällig für Sicherheitslücken und Online-Angriffe, da es sich um einen digitalen Vermögenswert handelt. Die Menschen müssen sich der Sicherheitsbedenken im Zusammenhang mit dem Besitz und der Verwendung von Bitcoin bewusst sein. Zu diesen Gefahren zählen Malware, Phishing-Angriffe, Hacking-Versuche und der mögliche Verlust privater Schlüssel. Der Schutz von Bitcoin-Vermögenswerten erfordert die Einführung strenger Sicherheitsmaßnahmen, wie z. B. die Verwendung sicherer Wallets, die Aktivierung der Zwei-Faktor-Authentifizierung (2FA) und die Einhaltung bewährter Methoden für die Online-Sicherheit. Darüber hinaus hängt die Risikominderung davon ab, mit neuen Sicherheitsbedrohungen Schritt zu halten und Sicherheitstechnologien zu entwickeln.

Plattformen für den Handel mit Bitcoins sind dezentralisiert, was sie anfällig für Betrug und Marktmanipulation macht. In der Kryptowährungsbranche kam es häufig zu Preismanipulationen, Pump-and-Dump und betrügerischen Initial Coin Offerings (ICO)-Operationen. Um die Wahrscheinlichkeit zu verringern, Opfer von Betrügereien zu werden, müssen Anleger Vorsicht walten lassen, umfangreiche Recherchen durchführen und zuverlässige Börsen und Projekte auswählen. Diese

Bedenken können ausgeräumt werden, und die Teilnehmer können aufgrund der verstärkten behördlichen Kontrolle und der Schaffung von Industriestandards in einer sicheren Umgebung handeln.

Trotz der Risiken bietet Bitcoin potenzielle Vorteile für Investoren und Ökosystem Teilnehmer. Bitcoin hat nachweislich ein erhebliches finanzielles Nutzenpotenzial. Frühanwender und Anleger, die zu niedrigeren Preisen als Marktdurchschnitt investierten, erzielten beträchtliche Kapitalrenditen. Obwohl damit Risiken verbunden sind, besteht die Möglichkeit zukünftiger finanzieller Vorteile, da Bitcoin weiterhin öffentliche Akzeptanz findet.

Für diejenigen, die von herkömmlichen Bankensystemen unterversorgt sind, bietet Bitcoin finanzielle Inklusion. Ohne den Einsatz von Vermittlern oder herkömmlicher Bank-Infrastruktur können Einzelpersonen Bitcoin verwenden, um auf Finanzdienstleistungen zuzugreifen, internationale Transaktionen durchzuführen und am globalen Handel teilzunehmen. Dies könnte zu mehr finanzieller Inklusion und der Stärkung der Menschen in unterentwickelten Gebieten führen.

Die Blockchain-Technologie, die Bitcoin zugrunde liegt, hat in vielen verschiedenen Bereichen zu Innovationen geführt. Die dezentrale Struktur und die Fähigkeit von Bitcoin für vertrauenswürdige Transaktionen haben das Potenzial, eine Reihe von Branchen zu verändern, darunter Finanzen, Lieferkettenmanagement, Gesundheitswesen und andere. Durch den Kauf von Bitcoin erhalten Sie Zugang zu den Entwicklungen und technologischen Fortschritten, die die Blockchain-Technologie ermöglicht.

Das Potenzial zur Diversifizierung eines Portfolios bietet Bitcoin. Bitcoin kann möglicherweise das Gesamtrisiko senken, indem eine Anlageklasse mit geringer Korrelation zu herkömmlichen Finanzmärkten in ein Anlageportfolio aufgenommen wird. Diese Diversifizierung bietet einen potenziellen Wertspeicher unabhängig von herkömmlichen Fiat-Währungen und kann als Absicherung gegen Marktvolatilität dienen.

Bitcoin bietet Anlegern und anderen Teilnehmern des Bitcoin-Ökosystems sowohl Risiken als auch Chancen. Zu den erheblichen Risiken, die berücksichtigt werden müssen, gehören Volatilität, regulatorische Schwierigkeiten, Sicherheitsprobleme und das Potenzial für Marktmanipulation. Bitcoin hat auch die Fähigkeit, finanzielle Gewinne deutlich zu steigern, finanzielle Inklusion zu fördern, technologische

Innovationen zu fördern und Anlageportfolios zu diversifizieren. Der Weg zum digitalen Reichtum muss mit einer ausgewogenen Strategie beschritten werden, die Techniken des Risikomanagements, das Bleiben über regulatorische Änderungen, die Einführung strenger Sicherheitsmaßnahmen und umfangreiche Recherchen vor Investitionsentscheidungen umfassen. Menschen können im Bitcoin-Ökosystem kluge Entscheidungen treffen und verantwortungsbewusst handeln, indem sie sich der Risiken bewusst sind und die möglichen Vorteile verstehen.

Kapitel VI: Bitcoin-Handel

Grundlagen des Kryptowährung Handels

In der Welt der digitalen Vermögenswerte ist der Handel mit Kryptowährungen zu einer beliebten und möglicherweise lohnenden Aktivität geworden. Da die Nutzung von Kryptowährungen zunimmt, ist es für Anleger und Enthusiasten von entscheidender Bedeutung, die Grundlagen des Kryptowährung Handels zu verstehen. Die Grundlagen des Handels mit Kryptowährungen, einschließlich Marktdynamik, Handelsansätze, Risikomanagement und die sich ständig verändernde Marktlandschaft für Kryptowährungen, werden in diesem Abschnitt ausführlich behandelt. Durch das Erlernen der Grundlagen des Kryptowährung Handels können sich Menschen sicher in diesem volatilen Markt zurechtfinden und kluge Finanzentscheidungen treffen.

Ohne die Einschränkungen herkömmlicher Finanzmärkte sind Kryptowährung Börsen rund um die Uhr geöffnet. Bevor Sie mit Handelsgeschäften beginnen, ist es wichtig, die Dynamik der Kryptowährungsmärkte zu verstehen. Der Handel mit Kryptowährungen erfolgt auf Online-Marktplätzen, die den Kauf und Verkauf von Münzen erleichtern. Benutzer können an diesen Börsen eine Kryptowährung gegen eine andere tauschen oder ihre Kryptowährungsbestände in Fiat-Währung umwandeln. Die hohe Volatilität der Kryptowährungsmärkte, die durch abrupte Preisänderungen gekennzeichnet sind, ist bekannt. Das Marktumfeld, aktuelle Nachrichten, Regierungs Änderungen und technologische Verbesserungen können einen großen Einfluss auf den Wert von Kryptowährungen haben. Die Leichtigkeit, mit der ein Vermögenswert erworben oder verkauft werden kann, ohne dass sich sein Preis wesentlich ändert, wird als Liquidität bezeichnet. Märkte mit hoher Liquidität ermöglichen einen effizienten Handel, während Märkte mit geringer Liquidität zu Slippage führen und es schwierig machen können, Geschäfte zu gewünschten Preisen auszuführen.

Für einen profitablen Handel mit Kryptowährungen ist die Implementierung effizienter Handelsmethoden erforderlich. Abhängig von den Vorlieben und der Risikotoleranz des Einzelnen können verschiedene Strategien eingesetzt werden. Das Profitieren von vorübergehenden Preisänderungen während eines einzelnen

Handelstages wird als Daytrading bezeichnet. Daytrader tätigen zahlreiche Geschäfte, um von Intraday-Preisänderungen zu profitieren. Um schnelle Handelsentscheidungen zu treffen, stützen sie sich häufig auf Indikatoren der technischen Analyse, Diagramm Muster und Marktbewegungen. Beim Swing-Trading hingegen werden Positionen über einige Tage bis viele Wochen gehalten, um von Schwankungen des Marktwerts zu profitieren. Swingtrader versuchen, von Markttrends und kurz- bis mittelfristigen Trends zu profitieren. Um potenziell profitable Trades zu finden, kombinieren sie technische Forschung, Fundamentalanalyse und Marktstimmung Analyse. Der Kauf von Kryptowährungen mit dem Ziel, sie über einen langen Zeitraum – oft über Jahre – zu behalten, wird als langfristiges Investieren bezeichnet. Langfristig orientierte Anleger konzentrieren sich auf die Kern Grundlagen von Kryptowährungen, wie den technologischen Fortschritt, das Akzeptanz Potenzial und die allgemeinen Marktaussichten. Sie wollen das langfristige Wertsteigerungspotenzial ihrer Investitionen optimal ausschöpfen.

Das Risikomanagement ist beim Handel mit Kryptowährungen wie bei jeder Anlage Aktivität von entscheidender Bedeutung. Durch die Umsetzung von Risikomanagementstrategien können Sie mögliche Verluste reduzieren und Handels-Gelder schützen. Die Streuung von Investitionen auf verschiedene Kryptowährungen ist eine Risikomanagementstrategie, die als Diversifizierung bezeichnet wird. Dadurch können Händler Chancen in anderen Bereichen des Kryptowährung Marktes nutzen und sind einem geringeren Risiko durch einzelne Waren ausgesetzt. Orders mit Stop-Losses und Take-Profits sind entscheidende Instrumente des Risikomanagements. Durch den automatischen Verkauf einer Kryptowährung, wenn sie einen bestimmten Preis erreicht, vermeiden Stop-Loss-Orders zusätzliche Verluste. Wenn eine Kryptowährung ein bestimmtes Gewinnziel erreicht, lösen Take-Profit-Aufträge einen automatischen Verkauf des Vermögenswerts aus. Eine weitere wichtige Technik des Risikomanagements besteht darin, vor dem Abschluss eines Handels das voraussichtliche Risiko-Ertrags-Verhältnis zu bewerten. Um zu beurteilen, ob ein Geschäft ein angemessenes Risiko-Ertrags-Verhältnis bietet, wägen Händler den potenziellen Gewinn gegen den potenziellen Verlust ab. Für ein erfolgreiches Risikomanagement ist die Bestimmung der Positionsgröße von entscheidender Bedeutung. Anleger sollten davon absehen, einen größeren Teil ihrer Mittel in ein einziges Geschäft zu investieren, da dies das Risiko erhöht.

Der Handel mit Kryptowährungen verändert sich aufgrund von Gesetzesänderungen, Markttrends und technologischen Durchbrüchen ständig. Die Zahl der Handelsmöglichkeiten auf dem Kryptowährung Markt hat mit der Einführung von Kryptowährungen Derivaten wie Futures und Optionskontrakten zugenommen. Ohne den zugrunde liegenden Vermögenswert zu halten, ermöglichen diese Produkte Händlern, auf Kryptowährungspreise zu spekulieren. Blockchain-basierte dezentrale Börsen (DEXs) ermöglichen den Peer-to-Peer-Handel ohne den Einsatz von Zwischenhändlern. Obwohl DAs mehr Privatsphäre und Sicherheit bieten als zentralisierte Börsen, verfügen sie oft über eine geringere Liquidität und ein geringeres Handelsvolumen. Die Verwendung vorprogrammierter Handelsmethoden zur automatischen Platzierung von Geschäften auf der Grundlage voreingestellter Kriterien wird als algorithmischer Handel bezeichnet. Algorithmen: Gesteuerte Trading-Bots können Marktdaten überwachen, Handelsmöglichkeiten erkennen und Trades platzieren, ohne dass ein Mensch beteiligt ist. Die Vorschriften für den Handel mit Kryptowährungen ändern sich ständig. Gesetzes- und Regulierung Änderungen können Auswirkungen auf das Handelsumfeld haben und zu strengeren Compliance-Anforderungen und möglicher Markt Instabilität führen. Händler müssen die Einhaltung bestehender Gesetze gewährleisten und über regulatorische Entwicklungen in ihrem Land auf dem Laufenden bleiben.

Der Handel mit Kryptowährungen bietet Anlegern und anderen Marktteilnehmern sowohl Chancen als auch Risiken. Erfolgreicher Handel hängt davon ab, dass man ein solides Verständnis der Grundlagen der Kryptowährungsmärkte hat, gute Handelsmethoden in die Praxis umsetzt, Risiken kontrolliert und mit den Marktveränderungen Schritt hält. Händler müssen sich auf neue Trends, technologische Entwicklungen und Gesetzesänderungen einstellen, während sich die Kryptowährung Branche weiterentwickelt und floriert. Durch die Anwendung der in diesem Abschnitt beschriebenen Kenntnisse und Techniken können Einzelpersonen den Handel mit Kryptowährungen mit Zuversicht steuern, mögliche Gewinne nutzen und die damit verbundenen Risiken effektiv verwalten.

Handelsstrategien

Die bahnbrechende Kryptowährung Bitcoin hat Händler und Investoren aus der ganzen Welt angezogen. Aufgrund seiner hohen Volatilität und des Potenzials für erhebliche Preisänderungen bietet Bitcoin eine Fülle von Handels Gewinnmöglichkeiten. Für einen profitablen Bitcoin-Handel braucht es jedoch mehr als nur Glück. Es erfordert den Einsatz effizienter Handelsmethoden, die speziell auf die Besonderheiten des Kryptowährung Marktes zugeschnitten sind. Die zahlreichen Bitcoin-Handelsmethoden, darunter Trendfolge, Breakout-Trading, Swing-Trading und Arbitrage, werden in diesem Abschnitt ausführlich untersucht. Handels Profis können sich im komplexen Umfeld der Kryptowährungsmärkte sicherer zurechtfinden und ihre Erfolgschancen verbessern, wenn sie sich dieser Strategien bewusst sind.

Gewinne werden durch die Identifizierung und Nutzung bereits etablierter Bitcoin-Markttrends angestrebt. Diese Strategien basieren auf der Idee, dass Trends über die Zeit hinweg Bestand haben und dass Händler von ihnen profitieren können. Gleitende Durchschnitte, Trendlinien und der Relative-Stärke-Index (RSI) sind gängige Trendfolgeindikatoren, die beim Bitcoin-Handel verwendet werden. Händler, die Trendfolge Methoden anwenden, gehen bei Aufwärtstrends oft Long-Positionen und bei Abwärtstrends Short-Positionen ein. Um sich vor ungünstigen Preis Umkehrungen zu schützen, ist es von entscheidender Bedeutung,

Risikomanagementstrategien einzusetzen, einschließlich der Platzierung von Stop-Loss-Orders und der Verwendung von Trailing Stops.

Wenn der Preis eine vorgegebene Spanne oder ein Konsolidierungs-Muster durchbricht, beinhalten Breakout-Handelsstrategien das Eingehen von Positionen. Das Ziel von Händlern, die diesen Ansatz anwenden, besteht darin, mit größeren Preisänderungen, die auf Konsolidierungsphasen folgen, Geld zu verdienen. Um potenzielle Ausbruchs Chancen zu erkennen, überwachen Breakout-Händler die Unterstützungs- und Widerstand Niveaus, Diagramm Muster wie Dreiecke oder Rechtecke sowie Volatilitätsindikatoren genau. Anleger eröffnen Positionen in Ausbruchs Richtung, sobald ein Ausbruch verifiziert wurde. Um das Risiko im Falle eines falschen Ausbruchs zu verringern, werden Stop-Loss-Orders häufig unterhalb des Ausbruchs Niveaus gesetzt. Wenn Preisbewegungen auf einen möglichen Ausbruch hinweisen, erfordern Breakout-Handelsstrategien Disziplin und die Fähigkeit, schnell zu handeln.

Swing-Trading-Strategien zielen darauf ab, von kurz- bis mittelfristigen Preisschwankungen innerhalb des breiten Markttrends für Bitcoin zu profitieren. Swing Trader versuchen, Positionen auf kritischen Unterstützungs- oder Widerstand Niveaus einzugehen, indem sie Marktschwankungen oder -schwankungen identifizieren. Um geeignete Ein- und Ausstiegsmöglichkeiten zu finden, stützen sie sich auf technische Analyse, Indikatoren, Chartmuster und Marktstimmung. Abhängig davon, wie lange der identifizierte Swing anhält, halten Swingtrader häufig einige Tage bis viele Wochen an ihren Positionen fest. Swing Trading erfordert ein sorgfältiges Risikomanagement, da Preisschwankungen unvorhersehbar sein können. Basierend auf der erwarteten Länge und Größe des Swings müssen Händler Stop-Loss-Orders und Take-Profit-Ziele festlegen.

Von Preisunterschieden zwischen mehreren Bitcoin-Börsen oder Handelsplattformen zu profitieren, ist ein zentraler Bestandteil von Arbitrage-Strategien. Arbitrage-Händler suchen nach Situationen, in denen sie Bitcoin an einer Börse für weniger Geld kaufen und es gleichzeitig an einer anderen Börse für mehr verkaufen können. Dieser Ansatz muss schnell umgesetzt werden und wird häufig mit Trading-Bots automatisiert. Angesichts der Effektivität des Marktes und der steigenden Wettbewerbsfähigkeit unter den Händlern könnte es jedoch nicht viele Möglichkeiten für Arbitrage auf dem Bitcoin-Markt geben. Bei der Suche nach

Arbitragemöglichkeiten müssen Händler auch Transaktionskosten, Handelsvolumen und Liquidität berücksichtigen.

Effektives Risikomanagement und emotionale Kontrolle sind für den langfristigen Erfolg beim Bitcoin-Handel unerlässlich, unabhängig von der gewählten Handelstechnik. Um die richtige Mittelzuweisung für jeden Trade zu ermitteln, sollten Händler Techniken zur Positionsgrößenbestimmung anwenden. Stop-Loss-Orders werden verwendet, um Handelsgelder zu schonen und potenzielle Verluste zu reduzieren. Mithilfe von Take-Profit-Zielen und Trailing-Stops können Händler Gewinne schützen und gleichzeitig die Möglichkeit von Gewinnen wahren, wenn der Trend anhält. Darüber hinaus ist es wichtig, Emotionen wie Angst und Gier zu kontrollieren. Händler müssen ihrer vorgegebenen Handelsstrategie folgen und davon absehen, impulsiv auf kurzfristige Marktvolatilität zu reagieren.

Die dynamischen und volatilen Kryptowährung Märkte bieten Händlern spannende Möglichkeiten, durch den Bitcoin-Handel davon zu profitieren. Die Erfolgsaussichten können durch das Verstehen und Anwenden verschiedener Handelsmethoden wie Trendfolge, Breakout-Trading, Swing-Trading und Arbitrage erhöht werden. Jede Strategie hat ihre eigenen Vorteile und erfordert sorgfältige Risikomanagement-Techniken. Der sichere Handel auf dem Bitcoin-Markt und eine höhere Chance, Geld zu verdienen, erfordert eine Kombination aus technischer Analyse, Marktkenntnis und disziplinierter Ausführung. Es ist wichtig zu bedenken, dass keine Handelsmethode Erfolg garantieren kann. Daher sollten Anleger ihre Strategie ständig anpassen und verbessern, um sie an das sich ändernde Bitcoin-Handelsumfeld anzupassen.

Nutzung von Krypto-Börsen

Indem sie Menschen auf der ganzen Welt eine neue Möglichkeit bieten, digitale Vermögenswerte zu speichern, zu übertragen und in sie zu investieren, haben Kryptowährungen die Finanz-Landschaft völlig verändert. Das Herzstück dieses Ökosystems sind Krypto-Börsen, Plattformen, die den Kauf, Verkauf und Handel mit Kryptowährungen erleichtern. Dieser Abschnitt bietet eine gründliche Analyse der Verwendung von Kryptowährungen Börsen und untersucht deren Funktionen, Variationen, Sicherheitsprobleme und Nutzervorteile. Menschen können die Welt der Kryptowährungen leicht erkunden und die Möglichkeiten dieser innovativen

Technologie nutzen, indem sie sich mit der Nutzung von Krypto-Börsen vertraut machen.

Durch die Zusammenführung von Käufern und Verkäufern von Kryptowährungen fungieren Kryptowährungsbörsen als Vermittler. Sie bieten einen Marktplatz, auf dem Benutzer eine Kryptowährung gegen eine andere tauschen können (Krypto-zu-Krypto-Handel) oder eine Kryptowährung in eine andere umwandeln können (Krypto-zu-Fiat-Handel). Kryptowährung Börsen bieten eine breite Palette von Produkten an, darunter Auftrag, Abgleich, Wallet-Dienste, Marktdaten und -forschung sowie Handelstools und -funktionen. Diese Funktionen bieten Kunden die Möglichkeit, Kryptowährungen effektiv, bequem und mit Zugriff auf aktuelle Marktdaten zu handeln.

Kryptowährung Börsen gibt es in verschiedenen Formaten, um unterschiedlichen Benutzer Präferenzen und Handels Anforderungen gerecht zu werden. Zentralisierte Börsen (CEX), dezentrale Börsen (DEX) und Hybrid-Börsen sind die drei Hauptkategorien von Kryptowährungen Börsen. Zentralisierte Börsen, die über eine benutzerfreundliche Oberfläche, hohe Liquidität und eine Vielzahl von Kryptowährungen verfügen, werden von einer zentralen Organisation oder einem zentralen Unternehmen betrieben. Andererseits laufen dezentrale Börsen auf Blockchain-Netzwerken und bieten mehr Anonymität, Sicherheit und Kontrolle über Gelder. Hybride Börsen schaffen ein Gleichgewicht zwischen Benutzerkontrolle und Komfort, indem sie Aspekte zentraler und dezentraler Börsen kombinieren.

Da Kryptowährungsbörsen häufig zum Ziel von Hackern werden, die Schwachstellen ausnutzen wollen, ist die Sicherheit bei der Nutzung dieser Plattformen von größter Bedeutung. Um ihre Gelder und persönlichen Daten zu schützen, sollten Nutzer über eine Reihe von Sicherheitsmaßnahmen nachdenken. Sichere Passwörter sind von entscheidender Bedeutung, die Zwei-Faktor-Authentifizierung (2FA) bietet ein zusätzliches Maß an Sicherheit und Cold-Storage-Optionen wie Hardware-Wallets ermöglichen die Offline-Speicherung von Kryptowährungen. Benutzer können Risiken weiter reduzieren, indem sie ihre Recherchen durchführen und vertrauenswürdige Börsen auswählen, Auszahlungslimits festlegen und Adressen auf die Whitelist setzen.

Kryptowährung Börsen sind für den Handel mit Kryptowährungen notwendig, da sie den Benutzern eine Reihe von Vorteilen bieten. An Börsen ist eine breite Palette an

Kryptowährungen zugänglich, sodass Verbraucher ihre Portfolios diversifizieren und neue Anlagemöglichkeiten nutzen können. Ein weiterer wichtiger Vorteil der Nutzung von Börsen ist die Liquidität, die einen schnellen und effizienten Kauf oder Verkauf von Kryptowährungen zu angemessenen Kosten garantiert. Durch die Bereitstellung transparenter Marktdaten erleichtern Börsen den Kunden auch die Beurteilung von Echtzeitkursen und das Treffen kluger Handelsentscheidungen. Börsen bieten außerdem benutzerfreundliche Benutzeroberflächen, die es jedem einfach machen, Kryptowährungen zu handeln, unabhängig von seinem Fachwissen. Die Fähigkeit, komplexe Handelsstrategien zu entwickeln und potenziell die Rendite zu steigern, wird durch fortschrittliche Handelsinstrumente wie Margin-Handel und Terminkontrakte weiter verbessert.

Krypto-Börsen dienen als Einstiegspunkte in die Welt der digitalen Vermögenswerte, indem sie Funktionen, Sicherheitsaspekte und Vorteile bieten, die für die Arbeit mit Kryptowährungen unerlässlich sind. Benutzer können Plattformen auswählen, die ihren Handelspräferenzen und ihrer Risikotoleranz entsprechen, indem sie sich mit den Funktionen und verschiedenen Arten von Kryptowährungen Börsen vertraut machen. Um Gelder und persönliche Daten zu schützen und die Gefahren im Zusammenhang mit Hacking-Versuchen und illegalem Zugriff zu verringern, ist die Implementierung strenger Sicherheitsmaßnahmen von entscheidender Bedeutung. Indem sie den Verbrauchern Zugang zu einer Vielzahl von Kryptowährungen, Liquidität, Preisermittlung, Komfort und fortschrittlichen Handelstools bieten, ermöglichen Krypto-Börsen den Benutzern, kluge Finanzentscheidungen zu treffen und die Chancen zu nutzen, die der Kryptowährungsmarkt bietet. Krypto-Börsen werden für Menschen weiterhin unverzichtbare Werkzeuge sein, um sich in der Welt der Kryptowährungen zurechtzufinden und das volle Potenzial dieser bahnbrechenden Technologie auszuschöpfen, während sich der Krypto-Markt weiter entwickelt.

Kapitel VII: Rechtliche und regulatorische Aspekte von Bitcoin

Rechtlicher Status von Bitcoin auf der ganzen Welt

Seit seiner Einführung hat Bitcoin, die erste dezentrale Kryptowährung, großes Interesse und Akzeptanz gefunden. Da die Popularität von Bitcoin immer weiter zunimmt, ist es für Einzelpersonen, Unternehmen und Regierungen von entscheidender Bedeutung, den rechtlichen Status von Bitcoin weltweit zu verstehen. Dieser Abschnitt bietet eine gründliche Analyse des rechtlichen Status von Bitcoin in zahlreichen Ländern und Gebieten und untersucht die regulatorischen Rahmenbedingungen, Schwierigkeiten und Chancen, die diese bahnbrechende digitale Währung mit sich bringt. Stakeholder können den globalen Markt sicherer durchqueren und sachkundige Urteile über deren Nutzung, Investitionen und die Einhaltung gesetzlicher Vorschriften fällen, wenn sie sich des rechtlichen Umfelds rund um Bitcoin bewusst sind.

Das dezentrale Netzwerk, das Bitcoin zugrunde liegt, ermöglicht den Betrieb außerhalb nationaler Grenzen und etablierter Regulierungsstrukturen. Da es sich um einen grenzenlosen und digitalen Vermögenswert handelt, variiert sein rechtlicher Status je nach Gerichtsbarkeit und reicht vom völligen Verboten bis hin zu regulatorischen Rahmenbedingungen, die Innovation und verantwortungsvolle Nutzung fördern. Um das rechtliche Potenzial und die Schwierigkeiten im Zusammenhang mit Bitcoin zu verstehen, ist eine globale Perspektive erforderlich.

Die rechtliche Stellung von Bitcoin ist von Land zu Land sehr unterschiedlich. Lassen Sie uns die zahlreichen rechtlichen Strategien untersuchen:
Einige Länder haben Bitcoin offiziell als gesetzliches Zahlungsmittel oder eine Art digitale Währung akzeptiert. Die Verwendung von Bitcoin für Transaktionen und kommerzielle Zwecke ist in diesen Bereichen zulässig, da es den herkömmlichen Fiat-Währungen gleichgestellt wird. El Salvador beispielsweise schrieb im Jahr 2021 Geschichte, als es als erstes Land Bitcoin als gesetzliches Zahlungsmittel akzeptierte.

Viele Nationen haben beschlossen, die Verwendung von Bitcoin und anderen Kryptowährungen durch gesetzliche Rahmenbedingungen zu regeln. Diese Regeln konzentrieren sich in der Regel auf Verbraucherschutz, Besteuerung, KYC-Anforderungen (Know Your Customer), Geldwäschebekämpfung (AML) und die Unterdrückung illegaler Aktivitäten. Regierungen können verlangen, dass Unternehmen und Kryptowährung Börsen Lizenzen oder Registrierungen beantragen, um innerhalb ihrer Grenzen rechtmäßig tätig zu sein. Die Vereinigten Staaten, Japan und zahlreiche Mitgliedstaaten der Europäischen Union sind Beispiele für Nationen mit regulatorischen Rahmenbedingungen.

Einige Nationen haben eine restriktive Haltung eingenommen und die Verwendung von Bitcoin verboten oder stark eingeschränkt. Diese Einschränkungen können die Verwendung von Bitcoin bei Transaktionen verbieten oder den Austausch von Kryptowährungen vollständig verbieten. Beispielsweise hat China strenge Vorschriften erlassen, die den Handel mit Kryptowährungen und Initial Coin Offerings (ICOs) effektiv verbieten. Bolivien, Algerien und Nepal sind weitere Länder, die Beschränkungen oder Verbote eingeführt haben.

Der rechtliche Status von Bitcoin ist noch unklar oder schwankt an einigen Stellen. Regierungen versuchen immer noch herauszufinden, wie sie Kryptowährungen kategorisieren und kontrollieren können, daher gibt es keine etablierten Regeln. Unternehmen und Einzelpersonen, die in diesen Bereichen tätig sind, können aufgrund dieser Unklarheit auf Schwierigkeiten stoßen, da sie möglicherweise Rechtsunsicherheit und möglichen regulatorischen Konsequenzen ausgesetzt sind. Indien und Russland sind zwei Beispiele für Nationen mit ungewissem Rechtsstatus.

Regierungen, Unternehmen und Einzelpersonen stehen aufgrund des rechtlichen Status von Bitcoin vor Schwierigkeiten und Chancen. Schauen wir uns einige dieser Elemente an:

Aufgrund der dezentralen Struktur und grenzüberschreitenden Funktionsweise von Bitcoin stellt die Regulierung besondere Schwierigkeiten für Regierungen dar. Sorgfältige Regulierungsrahmen, die eine verantwortungsvolle Nutzung und Innovation fördern, sind notwendig, um ein Gleichgewicht zwischen Verbraucherschutz, Finanzstabilität und Innovation zu finden und gleichzeitig Gefahren wie Geldwäsche und Terrorismusfinanzierung zu bekämpfen.

Da Bitcoin ein weltweites Phänomen ist, ist die internationale Zusammenarbeit und Koordination zwischen Regierungen für die Schaffung einheitlicher Regulierungsrahmen unerlässlich. Durch die Harmonisierung der Rechtsvorschriften und den Austausch bewährter Verfahren können die Rechtsklarheit verbessert, Innovationen gefördert und grenzüberschreitende Probleme im Zusammenhang mit Bitcoin und anderen Kryptowährungen angegangen werden.

Das Bitcoin-Ökosystem muss den Verbraucherschutz in den Vordergrund stellen. Um das Vertrauen der Benutzer zu stärken, müssen Regierungen Probleme wie Betrug, Betrügereien, Hackerangriffe und Marktmanipulation angehen. Es ist auch wichtig, Verbraucher über Risiken und sichere Verfahren bei der Verwendung von Bitcoin zu infor mieren.

Die Einführung von Bitcoin kann zu wichtigen wirtschaftlichen Aussichten führen, wie z. B. der Entwicklung neuer Arbeitsplätze, einem Anstieg der Investitionen und technischen Durchbrüche. Die Entwicklung der Blockchain-Technologie sowie digitaler Vermögenswerte kann sich auf Länder konzentrieren, die fortschrittliche Regulierungsrahmen implementieren, die Innovation und Unternehmertum im Bereich der Kryptowährungen fördern.

Die Rechtslandschaft rund um Bitcoin ist dynamisch und verändert sich ständig. Während einige Länder Bitcoin akzeptiert und gesetzliche Anerkennungs- und Regulierungsrahmen geschaffen haben, haben andere Beschränkungen oder völlige Verbote erlassen. Einhaltung von Vorschriften, Verbraucherschutz, globale Koordination und Innovationsförderung sind alles Themen, die der rechtlichen Status von Bitcoin aufwirft. Regierungen, Wirtschaftsteilnehmer und die breite Öffentlichkeit müssen zusammenarbeiten, um faire und effiziente Regulierungsrahmen zu schaffen, während sich die gesamte Gemeinschaft weiterhin mit den rechtlichen Komplexitäten von Bitcoin auseinandersetzen muss. Einzelpersonen, Unternehmen und Regierungen können einen verantwortungsvollen Umgang fördern, die Geschäftsmöglichkeiten nutzen, die Kryptowährungen bieten, und zum Fortschritt dieser revolutionären Technologie beitragen, indem sie sich des rechtlichen Status von Bitcoin auf der ganzen Welt bewusst sind.

Regulatorische Herausforderungen

Die erste Kryptowährung, Bitcoin, hat weltweit deutlich an Popularität gewonnen und gleichzeitig etablierte Bankenstrukturen durcheinander gebracht. Regierungen und Regulierungsbehörden stehen vor mehreren Schwierigkeiten bei der Schaffung umfassender Rahmenbedingungen zur Regulierung der Verwendung von Bitcoin, da seine Bekanntheit weiter zunimmt. In diesem Abschnitt werden die regulatorischen Probleme im Zusammenhang mit Bitcoin untersucht. Dabei geht es um seinen komplexen dezentralen Charakter, Bedenken hinsichtlich der Finanzstabilität, die Verhinderung illegaler Aktivitäten, die Bereitstellung von Verbraucherschutz und die Förderung von Innovationen. Das Verständnis dieser Schwierigkeiten wird den politischen Entscheidungsträgern helfen, das komplexe rechtliche Umfeld rund um Bitcoin zu verhandeln und ein Gleichgewicht zwischen der Förderung einer verantwortungsvollen Nutzung dieser revolutionären Technologie und der Aufrechterhaltung der behördlichen Aufsicht zu finden.

Der dezentrale Charakter von Bitcoin stellt eines der größten regulatorischen Probleme dar. Bitcoin läuft in einem Peer-to-Peer-Netzwerk, das nicht von einer einzelnen Instanz, einschließlich der Regierung, kontrolliert wird. Aufgrund dieses Mangels an zentraler Autorität stehen die Regulierungsbehörden vor einem besonderen Problem, da sie herausfinden müssen, wie sie die Einhaltung durchsetzen und eine Regulierung Aufsicht in einem dezentralen Ökosystem einrichten können. Es kann schwierig sein, herkömmliche Regulierungsstrategien, die für zentralisierte Systeme entwickelt wurden, problemlos an das dezentrale Bitcoin-Framework anzupassen.

Die Finanzstabilität wird durch die volatilen Marktschwankungen von Bitcoin und das Potenzial für schnelle Preisänderungen gefährdet. Da der Bitcoin-Handel spekulativ ist, kann er systemische Risiken und Markt Instabilität erhöhen, insbesondere wenn ein beträchtlicher Teil des Vermögens einer Volkswirtschaft in Kryptowährungen investiert wird. Die Umsetzung von Margin-Anforderungen, Leistungsschaltern und Marktüberwachung Mechanismen sind einige Beispiele für Minderungsstrategien, die die Regulierungsbehörden sorgfältig prüfen müssen, um diese Risiken zu bewältigen und ihre potenziellen Auswirkungen auf die Finanzsysteme zu verringern.

Da Bitcoin pseudonym ist, gibt es Fragen darüber, wie es für Geldwäsche, Terrorismusfinanzierung und andere illegale Aktivitäten verwendet werden könnte. Die Regulierungsbehörden müssen Sicherheit und Datenschutz in Einklang bringen, um den Missbrauch von Bitcoin zu verhindern und gleichzeitig die Privatsphäre legaler Benutzer zu schützen. Die Bekämpfung illegaler Aktivitäten erfordert die Umsetzung strenger Gesetze zur Bekämpfung von Geldwäsche (AML) und „Know Your Customer" (KYC) für Kryptowährungen, Börsen und -dienstleister. Um den transnationalen Charakter von Straftaten im Zusammenhang mit Bitcoin zu bekämpfen, müssen Regulierung Organisationen international zusammenarbeiten und Informationen austauschen.

Ein weiteres großes Regulierungsproblem ist die Gewährleistung der Verbrauchersicherheit im Bitcoin-Ökosystem. Benutzer, die Börsen, Wallets und Initial Coin Offerings (ICOs) nutzen, laufen Gefahr, Opfer von Betrug, Hacking und Betrügereien zu werden. Die Regulierungsbehörden müssen einen Rahmen schaffen, um Anleger zu schützen, die Öffentlichkeit über potenzielle Gefahren zu informieren und Anforderungen an Offenheit, Offenlegung und Verantwortung unter Kryptowährung Dienstleistern festzulegen. Verbraucherschutz Initiativen müssen die Stärkung der Cybersicherheit Abwehr, die Festlegung von Anforderungen für sichere Verwahrung Dienste und die Verbesserung der Anleger Aufklärung umfassen.

Während die Regulierung Aufsicht von wesentlicher Bedeutung ist, ist es entscheidend, das richtige Gleichgewicht zu finden, um Innovation und technologischen Fortschritt zu fördern. Zu strenge oder zu belastende Vorschriften können Innovationen behindern und Unternehmen und Talente aus einem Rechtsgebiet vertreiben. Regulierungsbehörden müssen ein Umfeld schaffen, das ethische Innovationen fördert und Regulierung Sicherheit bietet. Die Schaffung von Best Practices, Standards und Regulierungsrahmen, die die Erweiterung des Bitcoin-Ökosystems unterstützen, kann durch kollaborative Ansätze unter Einbeziehung von Branchen Akteuren, regulatorischen Sandboxen und Pilot Programmen erleichtert werden.

Aufgrund der globalen Natur von Bitcoin gehen Regulierungsfragen über nationale Grenzen hinaus. Grenzüberschreitende Transaktionen, Geldwäscherisiken und das regulatorische Umfeld insgesamt erfordern eine internationale Koordinierung und Harmonisierung der Vorschriften. Um einheitliche Standards festzulegen, Wissen auszutauschen und Regulierungslücken zu schließen, die von Kriminellen ausgenutzt oder legale Wirtschaftsaktivitäten behindert werden können, ist die Zusammenarbeit zwischen Regulierungsbehörden, zwischenstaatlichen Organisationen und Branchenverbänden unerlässlich.

Die regulatorischen Schwierigkeiten, die Bitcoin mit sich bringt, spiegeln die Komplexität seines dezentralen Charakters, Bedenken hinsichtlich der Finanzstabilität, Bemühungen zur Verhinderung illegaler Aktivitäten, zum Verbraucherschutz und zur Förderung von Innovationen wider. Um ein Gleichgewicht zwischen regulatorischer Überwachung und der Förderung der verantwortungsvollen Nutzung von Bitcoin zu erreichen, müssen sich die politischen Entscheidungsträger mit diesen Problemen befassen. Die Einbeziehung der Interessengruppen, die internationale Koordination und die Zusammenarbeit sind von entscheidender Bedeutung für die Schaffung umfassender und flexibler Regulierungsrahmen. Regierungen können einen günstigen Regulierungsrahmen schaffen, der Innovationen unterstützt, Verbraucher schützt und die Integrität und Stabilität von Finanzinstituten in der sich ständig verändernden

Welt
der digitalen Währungen wahrt, indem sie diese Probleme angehen.

Bedeutung von KYC/AML

Die ursprüngliche Kryptowährung Bitcoin ist mittlerweile bekannt und weit verbreitet. Regulierungsbehörden und Interessenvertreter der Branche sind sich nun bewusst, wie wichtig „Know Your Customer" (KYC) und „Anti-Money Laundering" (AML)-Maßnahmen für die Wahrung der Integrität und Sicherheit des Bitcoin-Ökosystems bei seinem weiteren Wachstum sind. In diesem Abschnitt wird die Bedeutung von KYC/AML bei Bitcoin untersucht und sein Nutzen für die Vermeidung illegaler Aktivitäten, den Schutz von Benutzern, die Einhaltung gesetzlicher Vorschriften und die Förderung des Vertrauens in die Kryptowährung Branche hervorgehoben. Wir können ein verantwortungsvolles und sicheres Umfeld für Bitcoin-Transaktionen fördern und dazu beitragen, die Legitimität und langfristige Lebensfähigkeit dieser innovativen Technologie sicherzustellen, indem wir die Bedeutung von KYC/AML erkennen.

Peer-to-Peer-Transaktionen sind mit Bitcoin aufgrund des dezentralen Netzwerks möglich, wodurch die Notwendigkeit herkömmlicher Finanzintermediäre entfällt. Diese dezentrale Struktur bietet zwar einige entscheidende Vorteile, bietet aber auch Raum für illegale Handlungen wie Betrug, Geldwäsche und andere Finanzkriminalität. Die Anonymität und der internationale Charakter von Bitcoin-Transaktionen können jeden anlocken, der die Vorteile des Systems nutzen möchte. Um diesen Bedrohungen zu begegnen und die Integrität des Bitcoin-Ökosystems zu schützen, sind KYC/AML-Maßnahmen von entscheidender Bedeutung.

„Know Your Customer" (KYC) ist die Praxis, die Identität von Verbrauchern zu bestätigen und ihr Risikoprofil zu verstehen. Einzelpersonen und Unternehmen müssen im Rahmen von KYC-Maßnahmen die erforderlichen Ausweisdokumente und andere Informationen einreichen, um ihre Identität nachzuweisen. Dadurch, dass es einfach ist, die Transaktionen einer Person zu sehen und auf sie zurückzuführen, schreckt dieses Verfahren von der Verwendung von Bitcoin für illegale Aktivitäten ab. KYC hilft bei der Verhinderung von Betrug, Identitätsdiebstahl und Missbrauch des Kryptowährung Ökosystems.

Gesetze zur Bekämpfung der Geldwäsche (AML) zielen darauf ab, Geldwäsche zu identifizieren und zu stoppen, indem die Quellen illegal erworbener Gelder verschleiert werden. Die Fähigkeit von Bitcoin, pseudonyme Transaktionen durchzuführen, macht es schwierig, die Geldbewegungen zu verfolgen. Die Einführung von Verfahren zur Transaktionsüberwachung, deren Einhaltung und der Einsatz von Technologien, die Muster illegaler Aktivitäten erkennen können, sind allesamt Anforderungen für AML-Maßnahmen im Bitcoin-Ökosystem. Unternehmen und Aufsichtsbehörden können durch die Umsetzung von AML-Maßnahmen Geldwäsche verhindern und die Integrität des Finanzsystems schützen.

Maßnahmen wie KYC/AML sind unerlässlich, um illegale Aktivitäten im Bitcoin-Ökosystem zu verhindern und zu unterbinden. Die Identität der Benutzer kann überprüft und Transaktionen auf verdächtige Aktivitäten überwacht werden, die dann den zuständigen Behörden gemeldet werden können. Dies ermöglicht es Strafverfolgungsbehörden, Personen zu untersuchen und strafrechtliche Anklage gegen Personen zu erheben, die an illegalen Aktivitäten wie Betrug, Geldwäsche und Terrorismusfinanzierung beteiligt sind. Es werden strenge KYC/AML-Standards implementiert, die als Barriere wirken und es Kriminellen erschweren, die Anonymität von Bitcoin für illegale Aktivitäten zu nutzen.

Der Schutz von Benutzern und Investoren im Bitcoin-Ökosystem wird durch KYC/AML-Schutzmaßnahmen unterstützt. Unternehmen können das Vertrauen ihrer Kunden stärken, indem sie die Identität von Personen und Organisationen bestätigen. Das Vertrauen der Benutzer, dass sie mit zuverlässigen und seriösen Partnern Geschäfte abwickeln, verringert das Risiko, Opfer von Betrug und Betrügereien zu werden. Darüber hinaus können KYC/AML-Methoden dabei helfen, illegale Kontozugriffe zu erkennen und zu verhindern sowie Benutzerfelder und personenbezogene Daten zu schützen.

Damit Unternehmen, die im Bitcoin-Bereich tätig sind, die Vorschriften einhalten, sind KYC/AML-Sicherheitsmaßnahmen von entscheidender Bedeutung. Globale Regulierung Organisationen haben den Wert von KYC/AML bei der Verhinderung von Geldwäsche und Terrorismusfinanzierung anerkannt. Unternehmen, die gegen diese Beschränkungen verstoßen, riskieren schwerwiegende rechtliche Konsequenzen und Schäden für ihr Unternehmen. Unternehmen können durch die Implementierung wirksamer KYC/AML-Verfahren ihr Engagement für die Arbeit im Rahmen der gesetzlichen Vorschriften unter Beweis stellen, was auch dazu beiträgt, Bitcoin im Mainstream-Finanzsystem zu legitimieren und zu akzeptieren.

Der Erfolg und die breite Akzeptanz von Bitcoin hängen entscheidend vom Vertrauen ab. Durch die Förderung einer sicheren und offenen Umgebung für Bitcoin-Transaktionen sind KYC/AML-Standards für die Vertrauensbildung von entscheidender Bedeutung. Menschen nutzen Bitcoin eher und akzeptieren ihre potenziellen Vorteile, wenn sie sicher sind, dass ihre Transaktionen mit vertrauenswürdigen Parteien durchgeführt werden und das Ökosystem vor illegalen Aktivitäten geschützt ist. Starke KYC/AML-Standards fördern das Vertrauen von Benutzern, Unternehmen, Regulierungsbehörden und der Öffentlichkeit und tragen dazu bei, dass Bitcoin langfristig lebensfähig bleibt und sich als seriöse Art digitaler Währung durchsetzt.

Die Bedeutung von KYC/AML für Bitcoin kann nicht genug betont werden. Diese Kontrollen sind wesentliche Instrumente, um illegale Aktivitäten zu stoppen, Benutzer zu schützen, die Einhaltung gesetzlicher Vorschriften aufrechtzuerhalten und das Vertrauen in das Bitcoin-Ökosystem zu fördern. Unternehmen und Aufsichtsbehörden können durch die Einführung wirksamer KYC/AML-Verfahren ein Gleichgewicht zwischen der Verhinderung von Finanzkriminalität und der Förderung von Innovationen und der Nutzung dieser bahnbrechenden Technologie finden. Starke KYC/AML-Standards werden die Gültigkeit, Integrität und langfristige Lebensfähigkeit von Bitcoin als angesehene Form der digitalen Währung unterstützen, während es sich weiterentwickelt und breiter akzeptiert wird.

Kapitel VIII: Bitcoin und die Zukunft des Finanzwesens

Der Einfluss von Bitcoin auf die Finanzbranche

Die erste dezentrale Kryptowährung, Bitcoin, hat sich als disruptive Kraft im Finanzsektor etabliert. Aufgrund der zugrunde liegenden Blockchain-Technologie hat Bitcoin die Fähigkeit, die Art und Weise, wie wir mit Finanzsystemen interagieren, Transaktionen durchführen und Werte speichern, völlig zu verändern. In diesem Abschnitt wird untersucht, wie sich Bitcoin auf den Finanzsektor auswirkt, und es wird untersucht, wie das traditionelle Bankwesen, Zahlungssysteme, Überweisungen, finanzielle Inklusion und Zentralbanken betroffen sind. Stakeholder können sich in der sich verändernden Finanz-Landschaft zurechtfinden und die Chancen nutzen, die diese revolutionäre digitale Währung bietet, indem sie die Auswirkungen von Bitcoin verstehen.

Durch die Bereitstellung einer anderen Währungsreform und einer dezentralen Finanzinfrastruktur setzt Bitcoin das herkömmliche Bankensystem unter Druck. Bitcoin ist eine digitale Peer-to-Peer-Währung, die den Bedarf an traditionellen Bankinstituten verringert, indem sie es den Menschen ermöglicht, direkt und ohne den Einsatz von Zwischenhändlern miteinander zu interagieren. Aufgrund dieser Störung prüfen Banken nun die Blockchain-Technologie und digitale Währungen als Möglichkeit, die Effizienz zu steigern, die Kosten zu senken und grenzüberschreitende Transaktionen zu beschleunigen.

Der Einfluss von Bitcoin auf Zahlungssysteme ist erheblich. Es stellt eine neue Art des Geldtransfers auf der ganzen Welt dar und ermöglicht sofortige Transaktionen zu geringeren Kosten als herkömmliche Zahlung Netzwerke. Der grenzenlose Charakter von Bitcoin macht Zwischenhändler überflüssig und bietet eine wettbewerbsfähige Alternative zu etablierten Zahlungsmethoden, insbesondere bei internationalen Transaktionen. Die Geschwindigkeit, Sicherheit und niedrigen Transaktionskosten von Bitcoin stellen die bestehende Zahlungs Infrastruktur auf die Probe und zwingen etablierte Zahlungsunternehmen zu Innovationen und Anpassungen an die sich ändernden Verbraucherbedürfnisse.

Die Probleme im Zusammenhang mit Überweisungen und finanzieller Inklusion könnten durch Bitcoin gelöst werden. In vielen Ländern sind die Überweisungskosten unverhältnismäßig hoch, sodass es für Wanderarbeiter kostspielig ist, Geld an ihre Familien zurückzuschicken. Die dezentrale Struktur von Bitcoin und seine günstigen Transaktionsgebühren machen es zu einem wirtschaftlichen und effizienten Ersatz für internationale Geldtransfers. Darüber hinaus ermöglicht Bitcoin Menschen mit unzureichenden oder fehlenden Bankkonten Zugang zu Finanzdienstleistungen, sodass sie sicher Transaktionen abwickeln und Werte speichern können, ohne auf traditionelle Bankdienstleistungen angewiesen zu sein.

Der dezentrale Charakter von Bitcoin stellt die Funktion der Zentralbanken und ihre Autorität über die Geldpolitik in Frage. Bitcoin ist eine alternative Währung, die dezentral läuft und die Notwendigkeit zentraler Institutionen zur Geldschöpfung und -kontrolle überflüssig macht. Die Effizienz der geldpolitischen Instrumente, die Zentralbanken in der Vergangenheit eingesetzt haben, könnte dadurch beeinträchtigt werden. Während die Zentralbanken die regulatorische Aufsicht und Kontrolle über das Währungssystem behalten, prüfen sie zunehmend das Potenzial digitaler Währungen sowie der Blockchain-Technologie.

Aufgrund der disruptiven Natur von Bitcoin stehen Regierungen und Finanzbehörden vor regulatorischen Problemen. Aufgrund der dezentralen Struktur von Bitcoin ist es schwierig, herkömmliche Bankgesetze zu regulieren und zu überprüfen, ob die Regeln zur Kenntnis Ihrer Kunden (KYC) und zur Bekämpfung der Geldwäsche (AML) eingehalten werden. Die Regulierungsbehörden müssen ein Gleichgewicht zwischen dem Schutz der Verbraucher, der Unterbindung illegaler Aktivitäten und der Förderung von Innovationen in der Bitcoin-Branche finden. Um diese Probleme anzugehen, werden die regulatorischen Rahmenbedingungen ständig verbessert. Sie bieten Klarheit und setzen Standards, um die Integrität des Finanzsystems zu g ewährleisten.

Über seine Funktion als digitale Währung hinaus hat Bitcoin erhebliche Auswirkungen. Dadurch wurde Decentralized Finance (DeFi) ermöglicht, ein Ökosystem, das Blockchain-Technologie nutzt, um Finanzdienstleistungen ohne Zwischenhändler bereitzustellen. Peer-to-Peer-Kredite, dezentrale Börsen und andere Finanzdienstleistungen werden durch DeFi-Systeme ermöglicht, die den herkömmlichen Bankbetrieb stören. Die Mission von DeFi besteht darin, ein offenes, zugängliches und transparenteres Finanzsystem aufzubauen, wobei Bitcoin als Hauptbaustein fungiert.

Der Finanzsektor wird durch Bitcoin grundlegend verändert, was das traditionelle Bankwesen, Zahlungsmethoden und die Funktion der Zentralbanken durcheinander bringt. Aufgrund seiner dezentralen Struktur, der günstigen Transaktionskosten und der grenzenlosen Transaktionen ist es in der Lage, die Art und Weise, wie wir Transaktionen durchführen und Werte speichern, völlig zu verändern. Traditionelle Finanzinstitute waren aufgrund des Aufstiegs von Bitcoin gezwungen, die Blockchain-Technologie einzuführen, ihre Dienstleistungen neu zu erfinden und sich an die veränderten Verbraucherpräferenzen anzupassen. Regierungen und
Regulierung
Organisationen versuchen, trotz anhaltender regulatorischer Hürden aktiv ein Gleichgewicht zwischen dem Schutz der Verbraucher und der Förderung von Innovationen herzustellen. Der Einfluss von Bitcoin wird die Zukunft des Geldes verändern, während sich der Finanzsektor weiterentwickelt, und die Tür für ein integratives, effektiveres und dezentrales Finanzsystem öffnet.

Vorhersage der Rolle von Bitcoin in der Zukunft

Mit seiner dezentralen Struktur und seinem revolutionären Potenzial hat die erste Kryptowährung, Bitcoin, die Aufmerksamkeit der ganzen Welt auf sich gezogen. Viele Menschen machen Annahmen über die Stellung von Bitcoin in der finanziellen Zukunft, während es sich weiterentwickelt und immer weiter verbreitet wird. In diesem Abschnitt werden das Potenzial von Bitcoin als weltweite Währung, als Wertaufbewahrungsmittel, als institutionelles Anlagevermögen, als Treiber von Finanzinnovationen und als Besorgnis für das etablierte Bankensystem sowie andere Zukunftsprognosen für die Kryptowährung untersucht. Durch die Untersuchung dieser Vorhersagen können wir mehr über den möglichen Verlauf von Bitcoin und seine Auswirkungen auf das Finanzsystem erfahren.

Eine Hypothese besagt, dass Bitcoin zu einer wichtigen Weltwährung werden könnte, die mit etablierten Fiat-Währungen konkurriert. Seine Befürworter behaupten, dass es aufgrund seines dezentralen Charakters, seiner internationalen Transaktionen und seines begrenzten Angebots eine wünschenswerte Alternative zu nationalen Währungen sei. Bitcoin könnte zu einem weltweiten Tauschmittel werden, da die Nutzung zunimmt und technologische Entwicklungen Probleme bei der Skalierbarkeit und Transaktionsgeschwindigkeit überwinden. Allerdings stellen Probleme wie regulatorische Beschränkungen, Marktvolatilität und öffentliche Akzeptanz weiterhin eine Bedrohung für die breite Akzeptanz dar.

Eine weitere Prognose bezieht sich auf das Potenzial von Bitcoin, als Wertaufbewahrungsmittel auf Augenhöhe mit Gold oder anderen konventionellen Vermögenswerten zu fungieren. Für diejenigen, die ihr Vermögen schützen möchten, ist Bitcoin aufgrund seiner Knappheit und Inflationspersistenz eine wünschenswerte Alternative. Die inhärenten Eigenschaften und die digitale Knappheit von Bitcoin können es zu einem attraktiven langfristigen Wertaufbewahrungsmittel machen, und zwar in einer Zeit, in der Bedenken hinsichtlich traditioneller Fiat-Währungen durch globale wirtschaftliche Unsicherheiten und die Geldpolitik geschürt werden. Diese Vorhersage gewinnt an Glaubwürdigkeit, wenn institutionelle Anleger und Hedgefonds in den Bitcoin-Markt eintreten, was die Position von Bitcoin als potenziellesWertaufbewahrungsmittelweiterstärkt.

Die Erwartung, dass sich Bitcoin zu einer anerkannten Anlageklasse für Investitionen entwickeln wird, wird durch die wachsende Beteiligung institutioneller Anleger am Markt gestützt. Traditionelle Finanzinstitute investieren eine beträchtliche Menge Kapital in Bitcoin, da sie sich ihres Potenzials immer bewusster werden. Dieser Anstieg institutioneller Investitionen erhöht die Marktliquidität, Stabilität und regulatorische Aufsicht. Das Potenzial von Bitcoin als allgemeiner Anlagewert wird durch die Aufnahme von Bitcoin in herkömmliche Anlageportfolios und die

Schaffung von Finanzprodukten mit Bitcoin-Fokus, wie etwa Exchange Traded Funds (ETFs), unterstützt.

Blockchain, die Technologie, die Bitcoin zugrunde liegt, hat das Potenzial, mehr als nur die Währung im Finanzsektor zu verändern. Prognosen zufolge wird Bitcoin als Katalysator für Finanzinnovationen fungieren und Konzepte wie grenzüberschreitende Transaktionen, intelligente Verträge und dezentrale Finanzierung (DeFi) vorantreiben. Die Programmierbarkeit der Blockchain-Technologie bietet Möglichkeiten zur Automatisierung von Finanz Vorgängen, zum Ausschalten von Zwischenhändlern und zur Erhöhung der Transparenz. Die Auswirkungen von Bitcoin gehen möglicherweise über sein eigenes Wertversprechen hinaus und führen zur Entstehung neuer Finanzsysteme und zur Störung etablierter Bank Paradigmen.

Das disruptive Potenzial von Bitcoin hat zu Vorhersagen geführt, dass es die Struktur des etablierten Bankensystems verändern wird. Traditionelle Banken haben möglicherweise Schwierigkeiten, ihre Kunden zu halten und sich an diesen sich verändernden Markt anzupassen, da die Menschen dezentrale Finanzierungen und die Selbst Verwahrung von Vermögenswerten über Bitcoin-Wallets bevorzugen. Einige behaupten, dass Banken darauf reagieren werden, indem sie die Blockchain-Technologie in bestehende Geschäftsprozesse integrieren, Bitcoin-

Dienste
anbieten und die Lücke zwischen konventioneller und digitaler Währung schließen. Die Zukunft der Verbindung von Bitcoin mit herkömmlichen Banken steht immer noch zur Diskussion und Spekulation.

Um die zukünftige Rolle von Bitcoin vorherzusagen, müssen eine Reihe von

Variablen
berücksichtigt werden, darunter sein Potenzial, als weltweite Währung, Wertaufbewahrungsmittel, Anlagevermögen, Anreiz für Finanzinnovationen und ein Anliegen für das etablierte Bankensystem zu dienen. Auch wenn die Zukunft noch ungewiss ist, deuten die laufende Entwicklung von Bitcoin und das wachsende institutionelle Interesse darauf hin, dass seine Bedeutung weiter zunehmen wird. Damit Bitcoin sein volles Potenzial entfalten kann, müssen Probleme wie regulatorische Bedenken, Skalierbarkeit und allgemeine Akzeptanz gelöst werden. Der Einfluss von Bitcoin wird die Art und Weise verändern, wie wir Transaktionen durchführen, Werte speichern und mit dem globalen Finanzsystem interagieren, wenn sich das Finanzumfeld ändert.

Risiken und Chancen

Bitcoin, die erste Kryptowährung, hat etablierte Finanzstrukturen durcheinander gebracht und weltweit große Aufmerksamkeit erregt. Wie bei jeder Investition oder jedem technologischen Fortschritt gibt es auch bei Bitcoin Chancen und Risiken. In diesem Abschnitt werden die Vor- und Nachteile von Bitcoin untersucht, indem Elemente wie Marktvolatilität, Gesetzesfragen, Sicherheitslücken, mögliche Anlagerenditen, finanzielle Inklusion und technologische Entwicklungen betrachtet werden. Das Verständnis dieser Faktoren wird sowohl Einzelpersonen als auch Unternehmen helfen, sich in der sich verändernden Bitcoin-Landschaft zurechtzufinden und kluge Entscheidungen zu treffen.

Ein erhebliches Risiko ist die Preisvolatilität von Bitcoin. Sein Wert unterliegt schnellen Schwankungen, die zu Verlusten für Anleger führen können. Die Preisvolatilität kann durch eine Vielzahl von Elementen beeinflusst werden, darunter die Marktstimmung, regulatorische Ankündigungen, makroökonomische Bedingungen und spekulativer Handel. Um potenzielle Verluste zu reduzieren, müssen Anleger auf Preisschwankungen vorbereitet sein und Risikomanagementmaßnahmen ber ücksichtigen.

In vielen Ländern ist die Regulierung von Bitcoin nicht eindeutig. Unsicherheit aufgrund unklarer oder teurer Richtlinien könnte die Marktwahrnehmung und -akzeptanz beeinträchtigen. Regierungen können Regeln erlassen, die die Verwendung von Bitcoin einschränken, den Austausch einschränken oder strengere Compliance-Verfahren fordern. Der Wert und Nutzen von Bitcoin kann durch regulatorische Änderungen beeinträchtigt werden. Daher ist es für Investoren und Unternehmen von entscheidender Bedeutung, mit den rechtlichen Entwicklungen Schritt zu halten.

Obwohl Bitcoin dezentralisiert ist, ist es nicht immun gegen Sicherheitsprobleme. Die Finanzen und persönlichen Daten von Einzelpersonen sind durch Cyber-Sicherheitsbedrohungen wie Hacking-Versuche, Phishing-Betrug und Schwachstellen in Wallet- oder Börsenplattformen gefährdet. Um diese Risiken zu reduzieren, müssen Benutzer starke Sicherheitsmethoden verwenden, darunter Zwei-Faktor-Authentifizierung, Cold Storage und sichere Passwörter.

Die Liquidität von Bitcoin kann sich ändern, insbesondere in kleineren Märkten oder in Zeiten hoher Marktvolatilität. Beim Kauf oder Verkauf großer Bitcoin-Mengen kann die begrenzte Liquidität zu Schwierigkeiten führen, die zu Preis Ausschlägen und Transaktions Verzögerungen führen können. Um diese Risiken zu reduzieren, sollten Händler und Anleger die Liquidität berücksichtigen und zuverlässige Börsen wählen.

Der Bitcoin-Markt ist anfällig für Marktmanipulationen, da er dezentralisiert ist und wenig Regulierung unterliegt. Große Bitcoin-Inhaber, sogenannte Wale, haben die Macht, die Marktpreise durch koordinierte Käufe und Verkäufe zu beeinflussen. Darüber hinaus können betrügerische Praktiken, Fake News und Pump-and-Dump-Operationen die Marktstimmung beeinflussen und die Preise künstlich in die Höhe treiben oder senken. Anleger sollten Vorsicht walten lassen und umfassende Untersuchungen durchführen, um etwaige Risiken im Zusammenhang mit Marktmanipulationen zu erkennen.

Die Preisentwicklung von Bitcoin hat das Potenzial für hohe Kapitalrenditen gezeigt. Die ersten Bitcoin-Anwender verzeichneten einen erheblichen Wertzuwachs, der zu Wohlstand und Geschäftsaussichten führte. Das Potenzial von Bitcoin als langfristiges Anlagevermögen wird durch sein begrenztes Angebot, die wachsende Akzeptanz und das wachsende institutionelle Interesse beeinflusst. Anleger sollten ihre Risikotoleranz und Anlagestrategien sorgfältig prüfen, da die bisherige Wertentwicklung keine Garantie für zukünftige Renditen darstellt.

Bitcoin bietet eine Chance auf finanzielle Inklusion, insbesondere in unterversorgten Gebieten und an Orten, an denen traditionelle Bankdienstleistungen schwer zu bekommen sind. Ohne ein Bankkonto kann jeder mit Bitcoin Transaktionen durchführen, Werte speichern und auf Finanzdienstleistungen zugreifen. Indem Einzelpersonen mehr Kontrolle über ihr Finanzleben erhalten und die wirtschaftliche Inklusion gefördert wird, kann diese Zugänglichkeit die Massen ohne bzw. mit unzureichendem Bankkonto stärken.

Blockchain, die zugrunde liegende Technologie von Bitcoin, hat zur Entwicklung des dezentralen Finanzwesens (DeFi) beigetragen. DeFi-Anwendungen nutzen Blockchain-Technologie und intelligente Verträge, um innovative Finanzdienstleistungen einschließlich Kreditvergabe, Kreditaufnahme und dezentralen Börsen bereitzustellen. Diese dezentralen Systeme zielen darauf ab, Zwischenhändler abzuschaffen, die Transparenz zu erhöhen und Möglichkeiten für den

Peer-to-Peer-Finanzaustausch zu bieten. Besitzer von Bitcoin können am sich entwickelnden DeFi-Ökosystem teilnehmen und möglicherweise neue Investitionsmöglichkeiten erschließen oder ein passives Einkommen generieren.

Der Aufstieg von Bitcoin hat die technologische Entwicklung, insbesondere im Blockchain-Bereich, beschleunigt. Über Bitcoin hinaus bietet die dezentrale und offene Natur der Blockchain auch Einsatzmöglichkeiten für die Identitätsprüfung und das Lieferkettenmanagement. Die Blockchain-Technologie kann eine Reihe von Unternehmen verändern, die Produktivität steigern, Betrug verringern und die Datensicherheit verbessern. Blockchain-Lösungen können es Unternehmen ermöglichen, Bitcoin als Katalysator für technische Innovationen zu nutzen und sich so einen Wettbewerbsvorteil zu verschaffen.

Das komplexe und dynamische Umfeld von Bitcoin birgt Risiken und Chancen in sich. Obwohl es aufgrund von Marktvolatilität, regulatorischen Schwierigkeiten, Sicherheitslücken und Liquiditätsproblemen Nachteile geben kann, bestehen auch Aussichten auf mögliche Vorteile bei Investitionen, finanzieller Inklusion, dezentraler Finanzierung und technologischen Durchbrüchen. Investoren, Unternehmen und Regulierungsbehörden müssen diese Dynamik sorgfältig steuern und sich an die sich verändernden Markt- und Regulierung Bedingungen anpassen. Stakeholder können kluge Entscheidungen treffen, eine verantwortungsvolle Einführung fördern und zur kontinuierlichen Entwicklung des Bitcoin-Ökosystems beitragen, indem sie sich der Risiken bewusst sind und die Chancen nutzen.

Kapitel IX: Bitcoin und andere Kryptowährungen

Vergleiche mit anderen Kryptowährungen wie Ethereum, Litecoin usw.

Durch die Bereitstellung sicherer und dezentraler digitaler Vermögenswerte, die mit etablierten Bankensystemen konkurrieren, haben Kryptowährungen die Finanz-Landschaft völlig verändert. In diesem Ökosystem sind wichtige Akteure wie Bitcoin, Ethereum, Litecoin und andere Kryptowährungen entstanden. In diesem Abschnitt werden die besonderen Merkmale, Anwendungsfälle, technologischen Unterschiede und die Marktpositionierung von Bitcoin, Ethereum, Litecoin und anderen bekannten Kryptowährungen untersucht. Wir können mehr über die Vor- und Nachteile verschiedener Kryptowährungen sowie die umfassenderen Auswirkungen auf die Entwicklung digitaler Währungen erfahren, indem wir sie nebeneinander vergleichen.

Die erste Kryptowährung, Bitcoin, nimmt einen einzigartigen Platz im Ökosystem

ein.

Bitcoin legte den Grundstein für die Blockchain-Technologie und den weit verbreiteten Einsatz von Kryptowährungen als erste dezentrale digitale Währung. Als elektronisches Peer-to-Peer-Geldsystem besteht der Hauptzweck von Bitcoin darin, schnelle, sichere und grenzenlose Transaktionen zu ermöglichen. Das begrenzte Angebot an Bitcoin und seine Qualitäten als Wertaufbewahrungsmittel haben es auch zu einem potenziellen Ersatz für herkömmliche Fiat-Währungen und einen potenziellen Inflationsschutz gemacht.

Durch seinen Schwerpunkt auf Smart Contracts und dezentralen Anwendungen (DApps) unterscheidet sich Ethereum von Bitcoin. Während die Blockchain von Ethereum den Aufbau und die Ausführung programmierbarer Verträge sowie die Entwicklung von Apps erleichtert, dient Bitcoin in erster Linie als digitale Währung. Innerhalb des Ethereum-Ökosystems wird Ether (ETH), die native Währung von Ethereum, als Utility-Token verwendet, um Transaktionen zu erleichtern und die Ausführung intelligenter Verträge zu ermöglichen. Aufgrund der Programmierbarkeit von Ethereum hat sich das dezentrale Finanzwesen (DeFi) ausgeweitet und es ist ein florierendes Ökosystem aus Token, Kredit Diensten, dezentralen Börsen und anderen Dingen entstanden.

Litecoin, auch bekannt als „digitales Silber", und Bitcoin weisen gewisse Parallelen, aber auch einige Unterschiede auf. Der ehemalige Google-Mitarbeiter Charlie Lee hat Bitcoin entwickelt, das über einen anderen Hashing-Algorithmus als Bitcoin und schnellere Blockerstellungszeiten verfügt. Durch diese Unterschiede werden schnellere Transaktionsbestätigungen und eine höhere Skalierbarkeit ermöglicht. Während Litecoin als digitale Währung für Transaktionen verwendet werden kann, erfreut es sich auch als Testplattform für die Integration neuer Technologien vor ihrer Integration in Bitcoin großer Beliebtheit. Aufgrund seiner starken Verbindung zu Bitcoin und technologischen Verbesserungen hat sich Litecoin zu einer beliebten alternativen und ergänzenden Kryptowährung entwickelt.

Aufgrund seines Schwerpunkts auf der Modernisierung grenzüberschreitender Zahlungen und der Unterstützung von Echtzeit-Abwicklungssystemen sticht Ripple unter den Kryptowährungen hervor. Ripple setzt nicht wie Bitcoin und Ethereum auf Mining. Es ist schneller und verbraucht weniger Energie, da Transaktionen mithilfe eines Konsens Prozesses validiert werden. XRP, die native Kryptowährung von Ripple, fungiert als Brücke Währung, um schnelle und kostengünstige internationale Transaktionen zu ermöglichen. Das Ziel von Ripple besteht darin, Finanzinstituten eine effektive und kostengünstige Methode zur Liquiditäts-Verwaltung und zum grenzüberschreitenden Geldversand anzubieten.

Eine Blockchain-Plattform namens Cardano möchte eine sichere, anpassungsfähige und langlebige Architektur für die Erstellung dezentraler Anwendungen und intelligenter Verträge bieten. Mit einem Fokus auf akademischer Forschung, Peer-Reviewer Entwicklung und einem mehrschichtigen Design zur Gewährleistung von Skalierbarkeit und Sicherheit wurde Cardano von Charles Hoskinson, einem Mitbegründer von Ethereum, gegründet. Das Cardano-Netzwerk basiert auf seiner eigenen Kryptowährung ADA, die auch Transaktionen und Ökosystem-Governance ermöglicht. Die von Cardano verfolgte Blockchain-Technologie Strategie zielt darauf ab, ein Gleichgewicht zwischen Sicherheit, Skalierbarkeit und Nachhaltigkeit zu schaffen.

Beim Vergleich von Kryptowährungen sind mehrere wichtige Faktoren relevant, dar unter :

Jede Kryptowährung nutzt einen einzigartigen Satz grundlegender Technologien und Konsens Prozesse. Bitcoin und Litecoin verwenden Proof-of-Work (PoW)-Konsens Algorithmen, während Ethereum auf eine Proof-of-Stake (PoS)-Konsens-Methode umsteigt. Das Ripple Protocol Consensus Algorithm (RPCA), ein eigenständiges Konsens Protokoll, wird von Ripple verwendet. Skalierbarkeit, Transaktionsgeschwindigkeit, Energieeffizienz und Sicherheit werden durch diese technologischen Unterschiede beeinflusst.

Kryptowährungen zielen auf viele Branchen ab und haben eine Vielzahl von Anwendungsfällen. Die Hauptanwendungsgebiete von Bitcoin sind die Wertaufbewahrung und digitales Geld, während sich Ethereum auf die Erstellung dezentraler Anwendungen und intelligenter Verträge konzentriert. Während Cardano großen Wert auf Skalierbarkeit und eine nachhaltige Blockchain-Infrastruktur legt, ist Ripple bestrebt, grenzüberschreitende Zahlungen zu vereinfachen. Um den potenziellen Einfluss und die Akzeptanz einer Kryptowährung einzuschätzen, ist es wichtig, die individuellen Anwendungsfälle und Anwendungen jeder einzelnen Kryptowährung zu verstehen.

Die Beliebtheit und Akzeptanz von Kryptowährungen wird durch ihre Marktpositionierung beeinflusst. Als erste und bekannteste Kryptowährung hat Bitcoin eine starke Marktpräsenz aufgebaut und eine breite Akzeptanz erfahren. Ethereum hat in der DeFi-Branche erhebliche Fortschritte gemacht und sich zu einer Top-Plattform für die App- und Token-Entwicklung entwickelt. Aufgrund seiner engen Verwandtschaft mit Bitcoin und technologischen Verbesserungen hat sich Litecoin zu einem beliebten Ersatz entwickelt. Traditionelle Finanzakteure haben sich mit Ripple zusammengetan und deren Fokus auf Finanzinstitute und internationale Zahlungen übernommen. Cardano, eine Blockchain-Plattform, die sich noch in einem frühen Stadium befindet, möchte skalierbar und sicher werden.

Das Wachstum und die Einführung von Kryptowährungen werden durch aktive Gemeinschaften und effiziente Governance-Systeme vorangetrieben. Während sich Ethereum in Richtung eines besser organisierten Governance-Modells bewegt, verfügt Bitcoin über eine dezentralisierte, von der Community gesteuerte Governance-Struktur. Andere Kryptowährungen stehen möglicherweise unter der Entwicklungskontrolle von Stiftungen oder anderen spezialisierten Gruppen. Das Verständnis der Community-Dynamik und der Governance-Prozesse hilft bei der Beurteilung der langfristigen Rentabilität und zukünftigen Entwicklung jeder Kr yptowähr ung.

Kryptowährungen wie Bitcoin, Ethereum, Litecoin, Ripple und Cardano können miteinander verglichen werden, um ihre besonderen Merkmale, Anwendungsfälle und technologischen Unterschiede besser zu verstehen. Im sich verändernden Umfeld digitaler Währungen bietet jede Kryptowährung einzigartige Potenziale und Herausforderungen. Die vielfältigen Möglichkeiten innerhalb des Kryptowährungen-Ökosystems werden durch die Bedeutung von Bitcoin als erste Kryptowährung und Wertaufbewahrungsmittel, den Fokus von Ethereum auf Smart Contracts und DeFi, die Kompatibilität von Litecoin mit Bitcoin, die grenzüberschreitenden Zahlungsoptionen von Ripple und Cardanos Schwerpunkt auf Skalierbarkeit und demonstriert Nachhaltigkeit. Diese Kryptowährungen werden die Zukunft der digitalen Währung beeinflussen und im Zuge der Entwicklung des Kryptomarktes zahlreiche Branchen revolutionieren und neue Möglichkeiten für Innovation und finanzielle Stärkung eröffnen.

Vorteile und Grenzen von Bitcoin

Seit seiner Einführung hat Bitcoin, die erste dezentrale Kryptowährung der Welt, großes Interesse und Akzeptanz gefunden. Wie jede innovative Technologie hat Bitcoin Nachteile, die seinen potenziellen Einfluss einschränken, aber auch eine Reihe von Vorteilen bieten. In diesem Abschnitt werden die Vorteile und Grenzen von Bitcoin sowie seine dezentrale Struktur, finanzielle Inklusion, Innovationspotenzial,

Sicherheitsmerkmale, Marktvolatilität, Skalierbarkeit Probleme, regulatorische Probleme und Umweltauswirkungen erörtert. Durch die Analyse dieser Variablen können wir die Vorteile und Einschränkungen von Bitcoin in der sich verändernden Welt der digitalen Währungen vollständig verstehen.

Der dezentrale Charakter von Bitcoin ist einer seiner Hauptvorteile. Es sind keine Zwischenhändler wie Banken oder Zahlungsabwickler erforderlich, da es in einem Peer-to-Peer-Netzwerk läuft. Diese Dezentralisierung fördert die finanzielle Unabhängigkeit und verringert die Abhängigkeit von zentralisierten Finanzinstituten, indem Einzelpersonen die direkte Kontrolle über ihre Gelder und Transaktionen erhalten.

Durch die Bereitstellung von Zugang zu Finanzdienstleistungen für Bevölkerungsgruppen ohne und mit unzureichendem Bankkonto hat Bitcoin das Potenzial, die finanzielle Inklusion zu fördern. Menschen, die keinen Zugang zu herkömmlichen Finanzinstituten haben, können dem Bitcoin-Ökosystem beitreten, internationale Transaktionen durchführen und Vermögenswerte sicher aufbewahren. Diese Inklusivität hat das Potenzial, benachteiligte Gruppen zu stärken und die wirtschaftliche Entwicklung in unterentwickelten Gebieten zu fördern.

Blockchain, die Technologie, die Bitcoin zugrunde liegt, hat in zahlreichen Branchen viele Innovationen und Umwälzungen ausgelöst. Es hat den Weg für die Schaffung intelligenter Verträge, tokenisierter Vermögenswerte und dezentraler Finanzen (DeFi) geebnet. Die Programmierbarkeit und Offenheit von Bitcoin haben die Entwicklung neuer Wirtschaftsmodelle, Anwendungen und Finanzsysteme ermöglicht.

Bitcoin verwendet kryptografische Methoden, um Benutzer Gelder zu schützen und Transaktionen zu sichern. Die Integrität der Transaktionen wird durch die transparente und unveränderliche Blockchain gewährleistet, wodurch die Möglichkeit von Betrug und Manipulation verringert wird. Darüber hinaus erhöht die Verwendung privater und öffentlicher Schlüssel in Bitcoin die Sicherheit und gibt Benutzern die Kontrolle über ihr Geld.

Ein großer Nachteil von Bitcoin ist seine Preisvolatilität. Aufgrund seines volatilen Wertes über kurze Zeiträume können Anleger Risiken und Verlusten ausgesetzt sein. Die Volatilität wird von einer Reihe von Variablen beeinflusst, darunter makroökonomische Bedingungen, regulatorische Änderungen und Marktstimmung.

Aufgrund seiner intrinsischen Volatilität ist Bitcoin für risikoscheue Anleger weniger attraktiv und seine Akzeptanz als zuverlässiges Tauschmittel wird behindert.

Aufgrund seiner begrenzten Blockgröße und der Transaktionsverarbeitung Kompetenz leidet Bitcoin unter Skalierbarkeit Problemen. Mit steigendem Transaktionsvolumen im Netzwerk kann es zu Überlastungen und höheren Transaktionskosten kommen. Um den Transaktions Durchsatz von Bitcoin zu erhöhen, haben Skalierbarkeit Probleme die Untersuchung von Lösungen wie dem Lightning Network und Layer-2-Protokollen gefördert.

Das regulatorische Umfeld, in dem Bitcoin funktioniert, befindet sich noch in der Entwicklung. Regierungen und Regulierung Organisationen auf der ganzen Welt diskutieren darüber, wie Kryptowährungen wie Bitcoin kontrolliert werden können. Unternehmen und Einzelpersonen haben Schwierigkeiten aufgrund regulatorischer Unsicherheiten, potenzieller Einschränkungen und Compliance-Anforderungen, die sich darauf auswirken, wie weit verbreitet und akzeptiert Bitcoin ist.

Der Bitcoin-Mining-Prozess verbraucht viel Rechenleistung und Energie, um das Netzwerk zu sichern und Transaktionen zu validieren. Wenn Bitcoin-Mining mit fossilen Brennstoffen betrieben wird, hat dies negative Auswirkungen auf die Umwelt und wirft Fragen zur Nachhaltigkeit und zum CO_2-Ausstoß auf. Um diese Auswirkungen auf die Umwelt zu verringern, untersucht die Kryptowährungen-Community intensiv alternative Bergbau Techniken und umweltfreundliche Energiequellen.

Die Vorteile und Grenzen von Bitcoin beeinflussen sein Potenzial als digitale Währung und bahnbrechende Technologie. Aufgrund seiner dezentralen Struktur, seiner finanziellen Inklusion, seiner Innovationsfähigkeit und seiner starken Sicherheitsmaßnahmen positioniert es sich als disruptive Kraft im Finanzumfeld. Um sein volles Potenzial auszuschöpfen, müssen jedoch Probleme wie Marktvolatilität, Einschränkungen der Skalierbarkeit, regulatorische Unsicherheiten und Umweltbedenken gelöst werden. Die Zukunft des Geldes und der wirtschaftlichen Beziehungen wird weiterhin von der Position von Bitcoin im globalen Finanzsystem geprägt sein, während sich das Kryptowährungen-Ökosystem weiterentwickelt und die Beteiligten über diese Chancen und Schwierigkeiten verhandeln.

Kapitel X: Praktische Schritte für den Einstieg in Bitcoin

Einrichten einer Bitcoin-Wallet

Aufgrund der immer größer werdenden Beliebtheit von Bitcoin ist auch die Nachfrage nach einer sicheren Verwaltung und Speicherung digitaler Vermögenswerte gestiegen. Ein Bitcoin-Wallet kann man sich als digitales Schließfach vorstellen, in dem Sie Ihre Bitcoin-Bestände aufbewahren und wieder abrufen können. Dieser Abschnitt bietet eine detaillierte Anleitung zum Erstellen einer Bitcoin-Wallet, einschließlich einer Analyse der verschiedenen Wallets, die derzeit auf dem Markt sind, der Funktionen, die sie bieten, der Faktoren, die ihr Sicherheitsniveau beeinflussen, und der Schritte, die unternommen werden müssen Stellen Sie sicher, dass Ihre Bitcoin sicher aufbewahrt werden. Einzelpersonen können den Prozess der Einrichtung einer Bitcoin-Wallet und des Schutzes ihrer wertvollen digitalen Vermögenswerte sicher bewältigen, wenn sie diese Schritte befolgen und in der angegebenen Reihenfolge for tfahren.

Bitcoin-Wallets gibt es in verschiedenen Formen, von denen jede ihre eigenen Funktionen und Anforderungen zur Aufrechterhaltung der Sicherheit aufweist. Wenn Sie die vielen verfügbaren Arten von Geldbörsen genau kennen, können Sie diejenigen auswählen, die Ihren Zwecken am besten dienen. Software-Wallets, Hardware-Wallets, Paper-Wallets und Online-Wallets sind die Hauptkategorien von Bitcoin-Wallets.

Bei Wallets in Form von Software handelt es sich um Anwendungen, die heruntergeladen und auf Ihrem PC oder Mobilgerät installiert werden können. Desktop-Wallets und mobile Wallets sind die beiden Hauptkategorien, unter die sie fallen. Beide Arten von Wallets bieten Benutzern einen einfachen Zugriff auf ihre Bitcoin-Bestände. Desktop-Wallets sind Anwendungen, die heruntergeladen und auf Ihrem PC installiert werden und es Ihnen ermöglichen, Ihre Bitcoin-Bestände offline zu verwalten. Mobile Wallets hingegen wurden speziell für die Nutzung mit Smartphones entwickelt und ermöglichen Ihnen den Zugriff auf Ihr Geld, wann und wo immer Sie sind.

Den besten Schutz für die Aufbewahrung von Bitcoins bieten Hardware-Wallets. Dabei handelt es sich um physische Geräte, die Ihre privaten Schlüssel offline erstellen und speichern. Meistens haben sie die Form von Geräten, die USB-Laufwerken ähneln. Hardware-Wallets bieten zusätzlichen Schutz vor Phishing- und Malware-Angriffen und schützen Ihre Bitcoins vor allen möglichen Online-Gefahren.

Bei Papier Geldbörsen müssen Benutzer eine Bitcoin-Adresse sowie den dieser Adresse entsprechenden privaten Schlüssel auf einem greifbaren Blatt Papier generieren. Dieser Ansatz bietet Benutzern die Möglichkeit der Offline-Speicherung und ist besonders hilfreich für die langfristige Kühllagerung. Beim Erstellen und Aufbewahren des Paper Wallets ist jedoch äußerste Vorsicht geboten, da jede physische Beschädigung oder der Verlust des Paper Wallets zum unwiederbringlichen Verlust Ihrer Bitcoin führen kann.

Online-Wallets, auch Web-Wallets genannt, sind Bitcoin-Wallets, die online gehostet und von Dritten angeboten werden. Sie speichern Ihre privaten Schlüssel auf ihren Servern, sodass Sie von jedem Gerät, das mit dem Internet verbunden ist, auf Ihr Geld zugreifen können. Die Verwendung eines Online-Wallets ist zwar bequemer, birgt jedoch auch gewisse Sicherheitsrisiken. Um die Sicherheit ihrer Bitcoin zu gewährleisten, müssen Benutzer den Sicherheitsmaßnahmen des Dienstanbieters vertrauen.

Die Einrichtung einer Bitcoin-Wallet erfordert die Durchführung einer Reihe wichtiger Verfahren, um die Zugänglichkeit und Sicherheit Ihrer Gelder zu g ewährleisten.

Führen Sie zunächst eine Recherche über die verschiedenen verfügbaren Wallet-Optionen durch und bewerten Sie deren Funktionen, Sicherheits Historie und Benutzerbewertungen. Wählen Sie eine Geldbörse, die Ihren Sicherheitsstandards entspricht, Ihren Vorlieben hinsichtlich der Benutzerfreundlichkeit entspricht und mit den von Ihnen verwendeten Geräten kompatibel ist.

Nachdem Sie sich für ein Wallet entschieden haben, gehen Sie auf die offizielle Website des Wallets oder eine andere seriöse Quelle, um die Wallet-Anwendung herunterzuladen oder zu installieren. Das Herunterladen von Wallets aus nicht vertrauenswürdigen Quellen stellt ein Risiko für die Sicherheit Ihrer Bitcoins dar, daher sollten Sie dies vermeiden. Diese Wallets können schädliche Software enthalten.

Starten Sie die Wallet-Anwendung und folgen Sie den Anweisungen auf dem Bildschirm, um eine neue Bitcoin-Adresse und den dazugehörigen privaten Schlüssel zu generieren. Stellen Sie sicher, dass der private Schlüssel an einem sicheren Ort aufbewahrt wird, und geben Sie ihn unter keinen Umständen an Dritte weiter. Der private Schlüssel ist das wichtigste Mittel, mit dem Sie auf Ihre Bitcoin-Bestände zugreifen und die Kontrolle darüber ausüben können.

Die Umsetzung kritischer Sicherheitsvorkehrungen trägt erheblich zum Schutz Ihrer Gelder bei. Aktivieren Sie die Zwei-Faktor-Authentifizierung (2FA), falls dies eine Option ist. Das bedeutet, dass Sie, um auf Ihr Geld zugreifen zu können, einen zweiten Verifizierungsprozess durchlaufen müssen, z. B. indem Sie sich einen eindeutigen Code an Ihr Mobilgerät senden lassen. Erstellen Sie ein sicheres und einzigartiges Passwort für Ihr Wallet, indem Sie eine Mischung aus Groß- und Kleinbuchstaben, Zahlen und Sonderzeichen verwenden. Wallet-Passwörter sollten mindestens 8 Zeichen lang sein.

Erstellen Sie ein Backup Ihres Wallets, um sich vor dem Verlust Ihrer Daten oder einer Fehlfunktion Ihres Geräts zu schützen. Die meisten Wallets verfügen in ihren Funktionen über eine Option zur Backup-Phrase oder Seed-Generierung. Schreiben Sie diese Sicherungsphase auf Papier und stellen Sie sicher, dass sie an einem sicheren Ort, vorzugsweise offline, aufbewahrt wird. Mit Hilfe der Backup-Phrase können Sie auf Ihr Guthaben zugreifen und Ihr Wallet wiederherstellen, falls das von Ihnen verwendete Gerät verloren geht oder gestohlen wird.

Wenn Sie eine Software-Wallet verwenden, sollten Sie zusätzliche Vorkehrungen treffen, um die Privatsphäre Ihrer privaten Schlüssel zu schützen. Sie sollten vermeiden, sie auf Ihrem Computer oder Mobilgerät zu speichern, da sie sonst anfällig für Angriffe durch Schadsoftware oder Hacker sein könnten. Vielleicht möchten Sie über die Verwendung einer Hardware-Wallet nachdenken oder Ihre privaten Schlüssel verschlüsseln und an einem sicheren Ort aufbewahren, der nicht mit dem Internet verbunden ist.

Testen Sie Ihr Bitcoin-Wallet mit einer Transaktion mit geringem Wert, bevor Sie eine große Menge Bitcoin hinzufügen. Dadurch wird sichergestellt, dass Sie Ihre Gelder in Zukunft erfolgreich erhalten und darauf zugreifen können.

Stellen Sie sicher, dass Sie die Software auf Ihrem Wallet regelmäßig aktualisieren, damit Sie immer die neuesten Sicherheitspatches und Funktionen erhalten. Wallet-Dienstleister veröffentlichen häufig Updates, um Sicherheitslücken zu

schließen
und das Benutzererlebnis insgesamt zu verbessern.

Beim Erstellen eines Bitcoin-Wallets ist es unbedingt erforderlich, der Sicherheit einen hohen Stellenwert einzuräumen, um Ihre digitalen Vermögenswerte zu schützen. Setzen Sie die folgenden Empfehlungen und Vorsichtsmaßnahmen in Bezug auf Sicherheit und Schutz in die Praxis um:

Wählen Sie digitale Geldbörsen von Anbietern, die Sie kennen und denen Sie vertrauen. Das Herunterladen von Wallets von nicht vertrauenswürdigen Quellen oder Websites Dritter sollten Sie vermeiden, da die Möglichkeit besteht, dass sie gefährliche Software enthalten, die Ihr Bitcoin gefährden könnte.

Sie müssen sich ein sicheres und einzigartiges Passwort für Ihr Wallet ausdenken. Vermeiden Sie die Verwendung leicht zu erratender Passwörter und geben Sie Ihr Passwort niemals an Dritte weiter. Erwägen Sie die Verwendung eines Passwort-Managers, damit sichere Passwörter generiert und an einem sicheren Ort gespeichert werden können.

Wenn Ihr Wallet über diese Funktion verfügt, aktivieren Sie die Zwei-Faktor-Authentifizierung (2FA). Wenn Sie auf Ihr Wallet zugreifen, müssen Sie einen zweiten Verifizierung Schritt durchführen, z. B. die Eingabe eines eindeutigen Codes, der an Ihr Mobilgerät übermittelt wurde. Dies verleiht dem System ein weiteres Maß an Sicherheit.

Halten Sie immer Ausschau nach Phishing-Betrügereien sowie nach Links oder E-Mails, die verdächtig erscheinen und einen Versuch darstellen könnten, Ihre persönlichen Daten zu stehlen oder die Sicherheit Ihres Geldes zu gefährden. Bevor Sie vertrauliche Informationen auf einer Website eingeben, sollten Sie stets deren URL auf Richtigkeit überprüfen.

Die Aktualisierung der Versionen Ihrer Wallet-Software, Ihres Betriebssystems und Ihrer Antivirensoftware ist eine der besten Möglichkeiten, sich vor möglichen Sicherheitslücken und -risiken zu schützen.

Denken Sie darüber nach, Ihr Bitcoin-Wallet auf einem Gerät aufzubewahren, das sich völlig von Ihrem Computer unterscheidet. Dies verringert die Wahrscheinlichkeit, dass Schadsoftware oder Keylogging-Software die Sicherheit Ihres Geldbeutels gefährdet.

Die Verwaltung und der Schutz Ihrer digitalen Vermögenswerte erfordert eine Reihe von Schritten, darunter die Erstellung einer Bitcoin-Wallet. Durch die Auswahl eines geeigneten Wallets, die Durchführung der erforderlichen Prozesse und die

Einrichtung wirksamer Sicherheitsmaßnahmen können Sie sicherstellen, dass Ihre Bitcoins sicher aufbewahrt werden und Sie jederzeit Zugriff darauf haben. Es ist wichtig sicherzustellen, dass Sie immer über die neuesten Best Practices im Bereich Sicherheit informiert sind und dass Sie die Software auf Ihrem Wallet regelmäßig aktualisieren, um potenzielle Gefahren zu reduzieren. Sie können sich sicher in der Welt der Kryptowährungen zurechtfinden und Ihr Abenteuer als Bitcoin-Inhaber beginnen, wenn Sie über ein Bitcoin-Wallet verfügen, das über angemessene Sicherheitsmaßnahmen verfügt.

Bitcoin kaufen und verkaufen

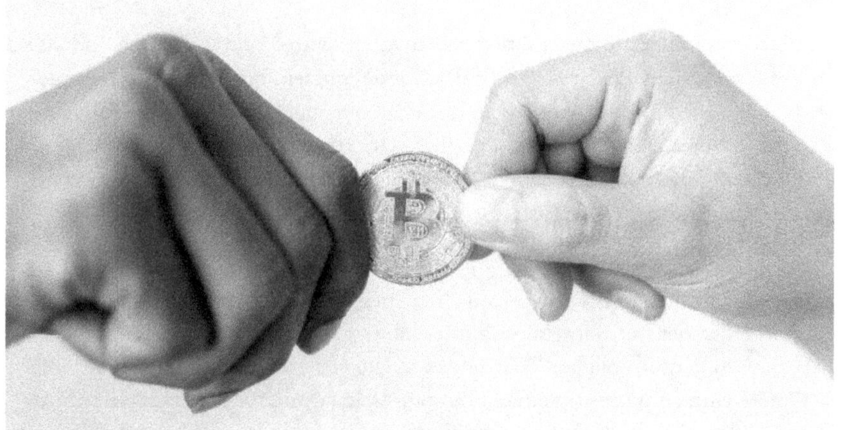

Bitcoin hat sich in der sich schnell entwickelnden Welt der Kryptowährungen als die häufigste Art des Handels mit digitalen Vermögenswerten etabliert. Um mit dieser dezentralen Währung interagieren und am Kryptowährung Markt teilnehmen zu können, ist es wichtig, Bitcoin kaufen und verkaufen zu können. Dieser Abschnitt bietet eine detaillierte Anleitung zum Kauf und Verkauf von Bitcoin und geht auf die vielen verfügbaren Möglichkeiten, die damit verbundenen Prozesse, die zu berücksichtigenden Sicherheitsaspekte und die wesentlichen Elemente ein, die bei der Durchführung von Transaktionen berücksichtigt werden müssen . Einzelpersonen können den Prozess des Kaufs und Verkaufs von Bitcoin souverän durchlaufen und das Potenzial dieser einzigartigen digitalen Währung freisetzen, wenn sie zunächst die

Komplexität von Bitcoin-Transaktionen verstehen und dann die von der Bitcoin-Community empfohlenen Best Practices befolgen.

Börsen für Kryptowährungen wie Bitcoin sind die gängigste Art von Marktplatz für den Kauf und Verkauf von Bitcoin. Diese Online-Marktplätze ermöglichen den Handel mit Bitcoin neben Bitcoin selbst auch gegen herkömmliche Fiat-Währungen oder andere Kryptowährungen. Um mit dem Handel beginnen zu können, müssen Nutzer zunächst Konten erstellen, alle erforderlichen Schritte zur Identifizierung, Überprüfung durchführen und Geld einzahlen. Coinbase, Binance, Kraken und Bitstamp sind Beispiele für bekannte Börsen, die Kunden eine Vielzahl von Funktionen und Handels Paarungen bieten, um ihren individuellen Anforderungen gerecht zu werden.

Einzelpersonen können Bitcoin direkt miteinander kaufen und verkaufen, indem sie einen Prozess namens Peer-to-Peer (P2P)-Handel nutzen, bei dem keine zentrale Börse beteiligt ist. P2P-Netzwerke wie LocalBitcoins und Paxful verbinden Käufer und Verkäufer und bieten ihnen die Möglichkeit, Preise auszuhandeln und Transaktionen durchzuführen. Der P2P-Handel bietet zusätzliche Diskretion und Anpassungsfähigkeit, muss jedoch mit Vorsicht und gründlicher Recherche angegangen werden, um betrügerische Geschäfte zu verhindern.

Bitcoin-Geldautomaten (ATMs) bieten Einzelpersonen einen physischen Ort, an dem sie Bitcoin entweder mit Bargeld oder mit Debitkarten kaufen und verkaufen können. Der Austausch herkömmlicher Währungen in Bitcoin oder umgekehrt wird durch diese Geräte einfach und problemlos. Bitcoin-Geldautomaten erfreuen sich immer größerer Verbreitung und können mittlerweile an verschiedenen Orten auf der ganzen Welt aufgestellt werden. Diese Maschinen erleichtern die Durchführung von Finanztransaktionen mit Bitcoin.

OTC-Handel, auch Over-the-Counter-Handel genannt, bezeichnet großvolumige Transaktionen, die direkt zwischen Parteien abgewickelt werden. Diese Transaktionen werden in der Regel von Brokern oder spezialisierten OTC-Handel Schaltern durchgeführt. Der OTC-Handel bietet Anlegern Privatsphäre und Flexibilität und richtet sich vor allem an institutionelle Anleger und Privatpersonen mit hohem Nettovermögen. OTC-Geschäfte werden außerbörslich ausgehandelt, was den Parteien die Möglichkeit gibt, Liquidität zu erwerben und Geschäfte zu zuvor vereinbarten Preisen durchzuführen.

Der erste Schritt beim Kauf von Bitcoin besteht darin, vorläufige Recherchen durchzuführen und zu entscheiden, welche Kryptowährung Börse Sie verwenden möchten. Berücksichtigen Sie eine Vielzahl von Aspekten, darunter Benutzerbewertungen, Kosten, zugängliche Handelspaare, Einhaltung gesetzlicher Vorschriften und verfügbare Sicherheitsfunktionen.

Erstellen Sie ein Konto auf der gewählten Handelsplattform und schließen Sie den gesamten Registrierungsvorgang ab, einschließlich der Überprüfung Ihrer Identität. In dieser Phase wird sichergestellt, dass die Regeln „Know Your Customer" (KYC) und „Anti-Money Laundering" (AML) konform eingehalten werden.

Sie können Ihr Börsenkonto mit jeder der akzeptierten Zahlungsmethoden wie Kreditkarte, Debitkarte, Banküberweisung oder einer anderen Kryptowährung aufladen. Bei der Einzahlung von Geldern ist es wichtig, die genauen Anweisungen der Börse zu befolgen.

Nachdem Sie Geld auf Ihr Konto eingezahlt haben, gehen Sie zum Handelsteil der Börse und wählen Sie das Bitcoin-Handels-Paar aus, mit dem Sie Geschäfte tätigen möchten. Wählen Sie die Art der Order aus, die Sie aufgeben möchten, beispielsweise eine Market Order oder eine Limit Order, und geben Sie dann die Anzahl der Bitcoins an, die Sie erwerben möchten. Überprüfen Sie die Einzelheiten und geben Sie dann die Bestellung auf.

Nach Abschluss der Transaktion sollten die neu erworbenen Bitcoin von der Börse an ein unter Verschluss gehaltenes Bitcoin-Wallet gesendet werden. In dieser Phase wird überprüft, ob Sie der Eigentümer Ihres Bitcoin sind und diese kontrollieren. Um Ihre digitalen Vermögenswerte zu schützen, sollten Sie ernsthaft darüber nachdenken, entweder Hardware-Wallets oder Software-Wallets einzuführen, die mit erweiterten Sicherheitsfunktionen ausgestattet sind.

Um mit dem Verkauf von Bitcoin zu beginnen, wählen Sie eine Kryptowährung Börse oder ein Peer-to-Peer-Netzwerk mit einem guten Ruf, das den Verkauf von Bitcoin ermöglicht. Führen Sie Recherchen zu den vielen verfügbaren Plattformen durch und berücksichtigen Sie dabei Aspekte wie Kosten, Liquidität, Sicherheitsmaßnahmen und die angebotenen Handelspaare.

Melden Sie sich bei der ausgewählten Börse oder Plattform bei Ihrem bestehenden Konto an und prüfen Sie, ob es verifiziert wurde, falls Sie dort bereits ein Konto haben. Abhängig von den Anforderungen der Plattform kann in dieser Phase eine zusätzliche Überprüfung der Benutzeridentifikation erforderlich sein.

Übertragen Sie die Bitcoin, die Sie verkaufen möchten, von der privaten Bitcoin-Wallet, die Sie verwenden, auf die Bitcoin-Wallet, die von der Kryptowährung Börse oder -plattform bereitgestellt wird. Stellen Sie bei der Einzahlung von Bitcoin sicher, dass Sie alle genauen Anweisungen befolgen, die von der Plattform bereitgestellt werden.

Nachdem Sie Ihre Bitcoins in das von der Plattform bereitgestellte Wallet eingezahlt haben, gehen Sie zum Handelsbereich und wählen Sie das Währungspaar aus, das Ihren Anforderungen am besten entspricht. Wählen Sie die Art der Bestellung aus, die Sie aufgeben möchten, geben Sie die Anzahl der Bitcoins ein, die Sie verkaufen möchten, und geben Sie den Preis an, den Sie dafür erzielen möchten. Überprüfen Sie die Einzelheiten und stellen Sie sicher, dass der Verkaufsauftrag noch aktiv ist.

Das Geld wird Ihrem Börsen- oder Plattform-Konto gutgeschrieben, nachdem Ihr Verkaufsauftrag ausgeführt wurde. Indem Sie die Anweisungen der Plattform befolgen, können Sie das Geld auf jedes Bankkonto oder eine andere bevorzugte Zahlungsoption überweisen.

Wenn Sie Bitcoin kaufen und verkaufen, ist es unbedingt erforderlich, der Sicherheit einen hohen Stellenwert einzuräumen, um Ihre digitalen Vermögenswerte zu schützen. Setzen Sie die folgenden Empfehlungen für mehr Sicherheit und Schutz in die Praxis um:

Recherchieren Sie und wählen Sie etablierte Plattformen und Börsen aus, die nachweislich sichere Transaktionen anbieten und zuverlässig sind. Berücksichtigen Sie eine Vielzahl von Aspekten, z. B. die bisherige Reaktion der Plattform auf Sicherheitsprobleme, die Einhaltung gesetzlicher Vorschriften, Benutzerbewertungen und Sicherheitsmaßnahmen.

Sie können Ihren Kryptowährungsbörsen- und Wallet-Konten einen zusätzlichen Schutzgrad hinzufügen, indem Sie die Zwei-Faktor-Authentifizierung (2FA) aktivieren. Wenn Sie über 2FA auf Ihre Konten zugreifen, müssen Sie einen zweiten Verifizierung Schritt durchführen, z. B. die Eingabe eines eindeutigen Codes, der an Ihr Mobilgerät übermittelt wurde.

Wenn Sie ein Software-Wallet oder ein Wallet verwenden, das Sie selbst hosten, sollten Sie Ihre privaten Schlüssel offline und an einem sicheren Ort aufbewahren. Erwägen Sie den Einsatz von Hardware-Wallets für mehr Sicherheit und Schutz vor den Risiken, die mit der Online-Nutzung digitaler Währungen verbunden sind.

Stellen Sie sicher, dass Ihre Kryptowährung Börsen- und Wallet-Konten jeweils über sichere und eindeutige Passwörter verfügen. Sie sollten die Wiederverwendung von Passwörtern vermeiden und stattdessen über die Verwendung von Passwort-Managern nachdenken, um Ihre Anmeldeinformationen sicher zu speichern. Seien Sie besonders wachsam, um nicht Opfer von Phishing-Angriffen zu werden oder auf fragwürdige Links oder E-Mails zu klicken. Bevor Sie sensible Informationen auf Websites veröffentlichen und persönliche Daten preisgeben, stellen Sie sicher,

dass
die Websites legitim sind, und lassen Sie dabei Vorsicht walten.

Bei außerbörslichen Transaktionen (OTC) oder P2P-Handel ist es wichtig, sich eingehend über mögliche Gegenparteien zu informieren. Überprüfen Sie ihre Transaktionshistorie sowie ihren Ruf und denken Sie für einen zusätzlichen Schutz darüber nach, einen vertrauenswürdigen Treuhanddienst zu beauftragen.

Die Teilnahme am Kryptowährung Ökosystem erfordert sowohl den Kauf als auch den Verkauf von Kryptowährungen wie Bitcoin. Einzelpersonen können getrost an Bitcoin-Transaktionen teilnehmen, wenn sie die vielen Techniken verstehen, die verwendet werden können, wenn sie die erforderlichen Maßnahmen ergreifen und wenn sie Sicherheitsaspekte in den Vordergrund stellen. Einzelpersonen haben die Möglichkeit, die Macht von Bitcoin zu nutzen, um ihre Portfolios zu diversifizieren, sich an Finanztransaktionen zu beteiligen und die Aussichten dieses innovativen digitalen Vermögenswerts über Kryptowährung Börsen, Peer-to-Peer-Plattformen (P2P), Bitcoin-Geldautomaten oder mehr zu erkunden -the-counter (OTC)-Handel. Einzelpersonen haben die Möglichkeit, das Potenzial von Bitcoin auszuschöpfen und zur sich ständig verändernden Landschaft dezentraler Finanzsystems beizutragen, wenn sie über das erforderliche Wissen verfügen, die erforderlichen Sicherheitsmaßnahmen ergreifen und sich an Best Practices halten.

Sicherheitsmaßnahmen und Best Practices

Durch die Einführung einer dezentralen digitalen Währung hat Bitcoin die Finanz-Landschaft völlig verändert. Die Priorisierung von Sicherheitsmaßnahmen zur Sicherung der eigenen digitalen Vermögenswerte ist von entscheidender Bedeutung, da die Akzeptanz von Bitcoin immer weiter zunimmt. Dieser Abschnitt untersucht die Bedeutung der Bitcoin-Sicherheit und bietet eine gründliche Untersuchung der Sicherheitsvorkehrungen und ethischen Standards, die jeder einhalten sollte. Benutzer können die Integrität und Sicherheit ihrer Bitcoin-Vermögenswerte schützen, indem sie die Risiken verstehen und strenge Sicherheitsmaßnahmen ergreifen.

Die Dezentralisierung und die kryptografischen Grundlagen von Bitcoin bieten integrierte Sicherheitsvorteile. Allerdings können eine Reihe von Gefahren und Schwachstellen, darunter Malware, Phishing und Hacking-Angriffe, die Sicherheit von Bitcoin-Beständen gefährden. Die Menschen müssen daher wachsam sein, wenn es darum geht, ihre digitalen Vermögenswerte zu schützen und unerwünschten Zugriff zu verhindern.

Die erste Schutzmaßnahme besteht darin, eine vertrauenswürdige und sichere Bitcoin-Wallet auszuwählen. Jeder Wallet-Typ hat seine eigenen Sicherheitsfunktionen und Überlegungen, einschließlich Hardware-, Software- und Paper-Wallets. Benutzer sollten ihre Alternativen sorgfältig abwägen und ein Wallet auswählen, das ihren Sicherheitsanforderungen entspricht.

Der Einsatz der Zwei-Faktor-Authentifizierung (2FA) erhöht die Sicherheit von Bitcoin-Börsen und Wallets. Um auf ihr Konto zugreifen zu können, müssen Kunden einen zusätzlichen Verifizierung Faktor angeben, beispielsweise einen speziellen Code, der per SMS an ihr Mobilgerät gesendet wird. Durch 2FA wird die Sicherheit verbessert und das Risiko unerwünschter Zugriffe erheblich verringert.

Für die Verwaltung und den Zugriff auf die eigenen Bitcoin-Bestände sind private Schlüssel unerlässlich. Private Schlüssel müssen von den Benutzern geheim und sicher aufbewahrt werden. Einen starken Schutz vor Diebstahl und unbefugtem Zugriff bieten Hardware-Wallets und verschlüsselte Speicheroptionen.
Für Konten, die Bitcoin enthalten, ist es wichtig, sichere Passwörter zu erstellen. Die Kombination von Groß- und Kleinbuchstaben, Zahlen und Sonderzeichen sorgt für sichere Passwörter. Es ist notwendig, die Verwendung desselben Passworts auf vielen Plattformen zu vermeiden und es häufig zu aktualisieren.

Um sich vor neuen Gefahren zu schützen, ist es wichtig, Betriebssysteme, Sicherheitsprogramme und Bitcoin-Wallet-Software regelmäßig zu aktualisieren. Die schnelle Anwendung von Sicherheitspatches stellt sicher, dass die neuesten Sicherheitsfunktionen vorhanden sind, und trägt gleichzeitig zur Behebung von Schwachstellen bei.

Die Verwendung sicherer Protokolle wie HTTPS zur Verschlüsselung von Kommunikationskanälen bietet eine weitere Sicherheitsebene. Bei der Eingabe vertraulicher Informationen auf Websites, die mit Bitcoin in Verbindung stehen, sollten Benutzer Vorsicht walten lassen.

Es ist wichtig, Bitcoin-Wallets regelmäßig zu sichern, um Datenverluste zu vermeiden. Benutzer müssen sichere Backups erstellen und diese an mehreren Orten speichern, vorzugsweise offline oder auf verschlüsselten Speichermedien. Die Fähigkeit, Wallets bei Bedarf wiederherzustellen, wird durch die routinemäßige Bewertung des Sicherungs- und Wiederherstellungsverfahrens sichergestellt.

Um die Privatsphäre zu wahren und potenziell gefährliche Spieler Angriffe zu vermeiden, ist es von entscheidender Bedeutung, die öffentliche Offenlegung von Bitcoin-Beständen und -Transaktionen einzuschränken. Bei der öffentlichen Diskussion ihrer Bitcoin-Bestände sollten Benutzer Vorsicht walten lassen und keine sensiblen Informationen preisgeben.

Das Risiko eines Single Point of Failure wird durch die Diversifizierung der Bitcoin-Speicherung auf mehrere Wallets und Speichertechniken verringert. Zusätzliche Schutzebenen gegen Gefahren aus dem Internet bieten Hardware-Wallets, Paper-Wallets und Offline-Speicherlösungen.

Um die Sicherheit von Bitcoin aufrechtzuerhalten, müssen Sie über neue Sicherheitsverfahren, potenzielle Angriffe und technologische Entwicklungen auf dem Laufenden bleiben. Um über potenzielle Bedrohungen auf dem Laufenden zu bleiben, sollten Benutzer aktiv nach zuverlässigen Informationen suchen und sich in relevanten Online-Gruppen engagieren.

Vor der Nutzung von Drittanbieterdiensten wie Börsen oder Online-Wallets ist eine Recherche unerlässlich. Bevor Benutzer solchen Diensten ihre Bitcoin-Bestände anvertrauen, sollten sie ihre Erfolgsbilanz, ihren Ruf, ihre Sicherheitsverfahren, die Einhaltung gesetzlicher Vorschriften und ihre Sicherheitsstandards bewerten.

Phishing-Angriffe stellen weiterhin eine ernsthafte Gefahr für das Bitcoin-Ökosystem dar. Wenn Benutzer persönliche Informationen online teilen oder Links folgen, sollten sie Vorsicht walten lassen. Phishing-Bemühungen können vermieden werden, indem die Legitimität von Websites bestätigt, URLs doppelt überprüft und Lesezeichen Verfahren implementiert werden.

Die Sicherung von Bitcoin-Beständen ist von entscheidender Bedeutung, da Bitcoin das Finanzumfeld weiterhin verändert. Benutzer können ihre digitalen Vermögenswerte vor Bedrohungen schützen, indem sie strenge Sicherheitsmaßnahmen ergreifen und sich an Best Practices halten. Um Ihre Bitcoin-Investitionen zu schützen, müssen Sie wichtige Vorsichtsmaßnahmen treffen, darunter die Auswahl sicherer Wallets, die Aktivierung von 2FA, den Schutz privater Schlüssel, die Verwendung sicherer Passwörter und das Bleiben über neue Bedrohungen auf dem Laufenden. Einzelpersonen können mit Zuversicht an Bitcoin teilnehmen, potenzielle Risiken reduzieren und zur langfristigen Lebensfähigkeit dieser revolutionären digitalen Währung beitragen, indem sie einige Sicherheitsvorkehrungen und empfohlene Praktiken anwenden. Bedenken Sie, dass die Aufrechterhaltung der Sicherheit von Bitcoin ein kontinuierlicher Prozess ist, der kontinuierliches Bewusstsein, Aufklärung und Anpassung an neue Bedrohungen und Entwicklungen in der Sicherheitstechnologie erfordert.

Kapitel XI: Anwendungsfälle und Erfolgsgeschichten aus der Praxis

Anwendungsfälle für Bitcoin auf der ganzen Welt

Die Finanzbranche hat durch Bitcoin, der ersten dezentralen digitalen Währung, die jemals geschaffen wurde, einen Wandel erfahren. Seine besonderen Eigenschaften und die zugrunde liegende Blockchain-Technologie haben weltweit Aufmerksamkeit und Akzeptanz erregt. In diesem Abschnitt werden die verschiedenen Anwendungen von Bitcoin auf der ganzen Welt untersucht und sein Potenzial hervorgehoben, eine Vielzahl von Märkten und Branchen zu verändern. Wir können den enormen Einfluss von Bitcoin auf die Veränderung herkömmlicher Systeme und die Förderung der finanziellen Inklusion erkennen, indem wir uns reale Anwendungen ansehen und die Vorteile verstehen, die es bietet.

Grenzüberschreitende Zahlungen und Überweisungen sind zwei der

Hauptanwendungsgebiete von Bitcoin. Aufgrund seiner dezentralen Struktur und minimalen Transaktionsgebühren bietet Bitcoin eine schnelle und kostengünstige Möglichkeit, Geld über Grenzen hinweg zu überweisen. Insbesondere für Menschen in unterversorgten Gebieten bietet Bitcoin schnellere, kostengünstigere und umfassendere Zahlungsmethoden, da herkömmliche Zwischenhändler und die damit verbundenen Gebühren vermieden werden. Dieser Anwendungsfall hat das Potenzial, den Überweisungs Sektor zu verändern und Menschen die Möglichkeit zu geben, Geld sicher über Grenzen hinweg zu überweisen.

Indem Bitcoin Menschen ohne Bankkonto Zugang zu Bankdienstleistungen verschafft, hat er das Potenzial, das Problem der finanziellen Ausgrenzung zu lindern. Bitcoin bietet eine andere Art von Geld an Orten, an denen es kaum oder gar keine traditionelle Bank-Infrastruktur gibt. Menschen können Bitcoin ohne ein herkömmliches Bankkonto speichern, übertragen und empfangen, indem sie mobile Geräte und eine Internetverbindung nutzen. Diejenigen, die bisher von traditionellen Bankensystemen ausgeschlossen waren, können dank dieses Anwendungsfalls nun auf Finanzdienstleistungen wie Ersparnisse, Kredite und Mikrotransaktionen zugreifen. Aufgrund seines digitalen Charakters und seiner dezentralen Architektur ist Bitcoin das perfekte Tauschmittel für E-Commerce und Online-Zahlungen. Bitcoin beseitigt die Beschränkungen herkömmlicher Zahlungssysteme, indem es Unternehmen ermöglicht, Zahlungen von Kunden weltweit durch transparente und sichere Transaktionen zu akzeptieren. Bitcoin verbessert die Effizienz und den Komfort von Online-Transaktionen, indem es schnellere Abwicklungszeiten und niedrigere Transaktionskosten ermöglicht. Dieser Anwendungsfall hat das Potenzial, die E-Commerce-Branche zu verändern und die weltweite Wirtschafts Expansion zu förder n.

Aufgrund seines begrenzten Angebots und seiner dezentralen Struktur hat Bitcoin das Potenzial, sowohl ein Wertaufbewahrungsmittel als auch ein Inflationsschutz zu sein. Bitcoin bietet einen anderen Vermögenswert, der dazu beitragen kann, den Wohlstand in Gebieten zu bewahren, in denen die Währungen instabil sind und die Wirtschaft instabil ist. Aufgrund seiner Knappheit und Widerstandsfähigkeit gegenüber Zensuren spricht er Menschen an, die ihre Investitionen vor der Abwertung von Fiat-Währungen schützen möchten. Anleger und Personen, die ihre Portfolios diversifizieren und die mit herkömmlichen Finanzsystemen verbundenen Risiken verringern möchten, interessieren sich immer mehr für diesen Anwendungsfall.

Blockchain, die Technologie, die Bitcoin zugrunde liegt, hat das Potenzial, das Lieferkettenmanagement zu verändern. Unternehmen können die Echtheit von Artikeln entlang der Lieferkette verfolgen und bestätigen, indem sie die Unveränderlichkeit und Transparenz der Blockchain nutzen. Dieser Anwendungsfall erhöht das Vertrauen der Verbraucher, erhöht die Verantwortung und verringert

Fälschungen. Bitcoin bietet eine innovative Lösung für Lieferkettenprobleme, indem Transaktionen und Produktdaten in der Blockchain gespeichert werden, insbesondere in Sektoren wie Luxusgütern, Pharmazeutika und Lebensmittelsicherheit.

Durch Initial Coin Offerings (ICOs) und Tokenisierung haben Fundraising und Crowdfunding einen radikalen Wandel erfahren. Startups und Geschäftsinhaber können weltweit Geld beschaffen, indem sie digitale Token in Blockchain-

Netzwerken
generieren, ohne herkömmliche Bank- oder Risikokapital-Kanäle zu nutzen. Mithilfe dieses Anwendungsfalls kann jeder Zugang zu Investitionsmöglichkeiten erhalten und zur Unterstützung kreativer Unternehmen beitragen. Aufgrund der dezentralen Struktur von Bitcoin ist die Mittelbeschaffung transparent und unveränderlich, was das Vertrauen und die Verantwortung der Anleger fördert.

Über seine Funktion als digitale Währung hinaus hat Bitcoin das Potenzial, äußerst disruptiv zu sein. In seinen globalen Anwendungsfällen sind verschiedene Branchen vertreten, darunter Finanzen, E-Commerce, Supply Chain Management und Fundraising. Menschen und Unternehmen auf der ganzen Welt können von einer verbesserten finanziellen Inklusion, optimierten grenzüberschreitenden Transaktionen, sicheren Online-Zahlungen und einer erhöhten Transparenz der Lieferkette profitieren, indem sie die Leistungsfähigkeit von Bitcoin und der zugrunde liegenden Blockchain-Technologie nutzen. Die Anwendungsfälle für Bitcoin werden mit der Weiterentwicklung und zunehmender Akzeptanz nur zunehmen, was neue Möglichkeiten eröffnet und etablierte Systeme revolutioniert. Das Versprechen einer umfassenderen, effektiveren und transparenteren Finanz Zukunft liegt in der weit verbreiteten Einführung von Bitcoin.

Erfolgsgeschichten im Zusammenhang mit Bitcoin-Investitionen und -Nutzung

Die erste digitale Währung, Bitcoin, hat nicht nur die Finanz-Landschaft revolutioniert, sondern auch erstaunliche Erfolgsgeschichten ausgelöst. In diesem Abschnitt werden beliebte Erfolgsgeschichten über Bitcoin-Investitionen und -Nutzung untersucht und Menschen und Organisationen vorgestellt, die durch den Einsatz dieser innovativen Technologie erhebliche Gewinne erzielt haben. Diese Geschichten zeigen die Fähigkeit von Bitcoin, Industrien zu revolutionieren, Wohlstand zu schaffen und wirtschaftliche Innovationen anzuregen.

Man geht heute davon aus, dass die frühen Nutzer von Bitcoin außergewöhnlich erfolgreich waren. Die bekannteste davon ist die Geschichte der Winklevoss-Zwillinge, die Bitcoin mit dem Erlös aus einem Vergleich kauften. Aufgrund ihres frühen Markteintritts und ihres Vertrauens in das Potenzial von Bitcoin wurden sie zu Multimillionären. In ähnlicher Weise lassen sich viele Menschen von der Geschichte von Erik Finman inspirieren, einem jungen Mann, der in Bitcoin investierte, als er noch in den Kinderschuhen steckte. Aus ein paar tausend Dollar, die Finman investierte, wurde ein Vermögen von mehreren Millionen Dollar, was das Potenzial von Bitcoin für frühe Investoren zeigt, ihr Leben zu verändern.

Dank Bitcoin sind in den unterschiedlichsten Branchen innovative Unternehmen entstanden, die auch zu unternehmerischen Erfolgsgeschichten geführt haben. Der Zahlungsdienstleister BillPay hat sich als Pionier im Bereich der Bitcoin-Zahlungsabwicklung einen Namen gemacht. BitPay war für die allgemeine Akzeptanz von Bitcoin von entscheidender Bedeutung, da es Unternehmen ermöglicht, Bitcoin-Zahlungen zu akzeptieren. Coinbase, eine der größten Kryptowährung Börsen, ist eine weitere Erfolgsgeschichte. Seit seiner Einführung im Jahr 2012 hat sich Coinbase als seriöser Marktplatz für den Kauf, Handel und die Speicherung von Kryptowährungen etabliert und stößt sowohl bei Privatanlegern als auch bei institutionellen Anlegern auf Interesse. Diese Erfolgsgeschichten zeigen die unternehmerischen Möglichkeiten, die Bitcoin mit sich bringt und den Weg für innovative Unternehmen und Betriebe ebnet.

Darüber hinaus haben institutionelle Anleger und Kryptowährungen-Hedgefonds hervorragende Renditen für ihre Bitcoin-Investitionen erzielt. Der Grayscale Bitcoin Trust (GBTC) wurde von Grayscale Investments, einem bekannten Anbieter digitaler Vermögensverwaltungs-Dienste, eingeführt, um institutionellen Anlegern Zugang zu Bitcoin zu ermöglichen. Aufgrund der erheblichen Investition des Trusts steht institutionellen Anlegern nun eine sichere und regulierte Möglichkeit zur Verfügung, in Bitcoin zu investieren. Darüber hinaus haben Hedgefonds wie Panthera Capital und Galaxy Digital durch kluge Investitionen in Bitcoin und andere Kryptowährungen hohe Renditen erzielt. Diese Erfolgsgeschichten zeigen, dass institutionelle Anleger immer mehr Interesse am Potenzial von Bitcoin als langfristige Investition haben und davon überzeugt sind.

Bitcoin hat Menschen und Unternehmen in Schwellenländern finanziell gestärkt und Erfolgsgeschichten inspiriert, die sein revolutionäres Potenzial demonstrieren. Bitcoin hat die finanzielle Inklusion in Ländern, in denen der Zugang zu traditionellen Bankdienstleistungen begrenzt ist, zu einer Lebensader gemacht. Beispielsweise hat Bitcoin es den Menschen in Venezuela ermöglicht, ihr Geld zu behalten und internationale Transaktionen durchzuführen, wo die Hyperinflation den Wert der offiziellen Währung des Landes verringert hat. Bitcoin hat sich in Ländern wie Kenia und Nigeria zu einem Überweisungs- und Mikrotransaktionen-Tool entwickelt, das den Menschen den Zugang zu Finanzdienstleistungen und die Teilnahme am globalen Handel ermöglicht. Diese Erfolgsgeschichten zeigen, welche positiven Auswirkungen Bitcoin auf Menschen und Volkswirtschaften haben kann, die mit wirtschaftlichen Schwierigkeiten zu kämpfen haben.

Über die finanziellen Auswirkungen von Bitcoin hinaus haben Blockchain-basierte Entwicklungen in verschiedenen Bereichen zu Erfolgsgeschichten geführt. Mit Hilfe der Blockchain-Plattform Ethereum wurden dezentrale Anwendungen (Apps) und Smart Contracts entwickelt. Diese Technologie hat eine Vielzahl produktiver Projekte und Aktivitäten hervorgebracht. Dezentrale Finanzplattformen (DeFi) wie Uniswap und Aave haben traditionelle Finanzdienstleistungen verändert, indem sie dezentrale Kreditvergabe-, Kreditaufnahme- und Handelsoptionen anbieten. Dies ist eine bedeutende Erfolgsgeschichte. Diese Erfolgsgeschichten zeigen, dass die Blockchain-Technologie das Potenzial hat, andere Branchen außerhalb des traditionellen Finanzwesens zu revolutionieren.

Über die finanziellen Vorteile hinaus hat Bitcoin erhebliche Auswirkungen auf das Unternehmertum, institutionelle Investitionen, finanzielle Inklusion und den technologischen Fortschritt. Die Erfolgsgeschichten rund um Bitcoin-Investitionen und -Nutzung unterstreichen die Fähigkeit der Technologie, Wohlstand zu schaffen, den Menschen mehr Macht zu geben und bahnbrechende Innovationen anzustoßen. Mit seiner Weiterentwicklung und zunehmender Akzeptanz dürften weitere Erfolgsgeschichten auftauchen, die die revolutionäre Leistungsfähigkeit von Bitcoin hervorheben. Diese Erfolgsgeschichten motivieren Menschen und Organisationen, die Möglichkeiten von Bitcoin zu erkunden, Innovationen zu fördern und die Gesellschaft in eine zentralere und integrative Finanz Zukunft zu führen.

Rolle von Bitcoin in Entwicklungsländern

Die dezentrale digitale Währung Bitcoin hat das Potenzial, die Entwicklungsländer zu revolutionieren. Bitcoin bietet ein alternatives Finanzsystem, das Menschen stärkt und den wirtschaftlichen Fortschritt in Gebieten mit eingeschränktem Zugang zu traditionellen Bankdienstleistungen, hohen Überweisungskosten und instabilen lokalen Währungen fördert. In diesem Abschnitt wird die entscheidende Bedeutung von Bitcoin in Entwicklungsländern untersucht und betont, wie es sich auf Unternehmertum, Überweisungen, grenzüberschreitende Transaktionen und finanzielle Inklusion auswirkt. Wir können das Potenzial von Bitcoin erkennen, die Finanz Landschaft zu verändern und das Leben der Menschen in Schwellenländern zu verbessern, indem wir die besonderen Vorteile erkennen, die es bietet.

Die Möglichkeit, Bankdienstleistungen in Anspruch zu nehmen, ist ein Schlüsselfaktor sowohl für das Wirtschaftswachstum als auch für die Beseitigung der Armut. Aufgrund des Fehlens einer traditionellen Banken Infrastruktur verfügt ein großer Teil der Bevölkerung in vielen Entwicklungsländern weiterhin über kein oder nur unzureichendes Bankkonto. Ein alternatives Finanzsystem, das ohne die Hilfe etablierter Banken funktioniert, bietet Bitcoin. Durch die Nutzung mobiler Geräte und Internetverbindungen haben Menschen in unterentwickelten Ländern bereits die Möglichkeit, Finanzdienstleistungen zu nutzen, die ihnen bisher unerreichbar waren. Dadurch, dass Menschen sparen, Kredite aufnehmen, investieren und sich wirtschaftlich betätigen können, wird die finanzielle Inklusion gefördert.

Da Menschen, die im Ausland arbeiten, Geld nach Hause an ihre Familien schicken, sind Überweisungen für die Wirtschaft vieler Entwicklungsländer von entscheidender Bedeutung. Herkömmliche Überweisungsmethoden sind jedoch häufig mit hohen Kosten und längeren Bearbeitungs Verzögerungen verbunden. Bitcoin bietet eine schnellere und kostengünstigere Lösung für internationale Transaktionen. Durch die Eliminierung von Zwischenhändlern senkt Bitcoin die Transaktionskosten und Bearbeitungszeiten drastisch und stellt sicher, dass mehr Geld bei den richtigen Personen ankommt. Dieser Anwendungsfall könnte die wirtschaftliche Stabilität in unterentwickelten Ländern stärken und den Lebensunterhalt von Familien verbessern, die auf Überweisungen angewiesen sind.

Wirtschaftswachstum und die Schaffung von Arbeitsplätzen werden beide durch das Unternehmertum vorangetrieben. Der fehlende Zugang zu herkömmlichen Finanzinstituten und die strengen Anforderungen an Kredite erschweren jedoch die Beschaffung von Finanzmitteln für Unternehmer in unterentwickelten Ländern. Mit Hilfe von Crowdfunding und Initial Coin Offerings (ICOs) können Menschen aufgrund von Bitcoin Gelder beschaffen, ohne herkömmliche

Finanzierungsmethoden nutzen zu müssen. Unternehmer können überall auf der Welt Mittel beschaffen, indem sie Vermögenswerte tokenisieren und die Blockchain-Technologie nutzen und so den Zugang zu Investitionsmöglichkeiten demokratisieren. Dies ermöglicht die Schaffung innovativer Initiativen und den Ausbau unternehmerischer Ökosysteme in Entwicklungsländern.

Hohe Inflation und wirtschaftliche Instabilität sind in Entwicklungsländern weit verbreitet, was zu Vermögensverlusten und einem Rückgang der Kaufkraft der Menschen führt. Ein alternativer Wertspeicher, der immun gegen staatliche Manipulation und Inflation ist, bietet Bitcoin. Durch die Umwandlung ihrer lokalen Währungen in Bitcoin können Menschen ihr Vermögen vor einer Abwertung schützen und ihre Kaufkraft bewahren. Dieser Anwendungsfall gibt Menschen die Möglichkeit, ihre finanzielle Sicherheit zu schützen, insbesondere in Ländern, in denen Hyperinflation oder andere wirtschaftliche Instabilität herrscht.

Bitcoin ist aufgrund seiner dezentralen Natur und Zugänglichkeit auf globaler Ebene ein wirksames Instrument für Katastrophenhilfe und humanitäre Hilfe in Entwicklungsländern. Die Verteilung der Hilfe kann in Gebieten, die von Naturkatastrophen oder politischen Unruhen betroffen sind, behindert werden, wenn traditionelle Bankensysteme gestört werden. Bitcoin ermöglicht es, schnell und einfach Geld an Menschen in Not zu senden, ohne die üblichen bürokratischen Kanäle zu nutzen. Dies ermöglicht eine schnelle und effiziente Verteilung humanitärer Hilfe und stellt sicher, dass das Geld die richtigen Menschen erreicht.

Viele Entwicklungsländer kämpfen mit Korruption, die die wirtschaftliche Entwicklung behindert und soziale Ungleichheit aufrechterhält. Die Blockchain-Technologie, die Bitcoin zugrunde liegt, bietet eine transparente und unveränderliche Datenbank für Transaktionen. Entwicklungsländer können die Transparenz verbessern, die Korruption verringern und das Vertrauen in ihre Institutionen wiederherstellen, indem sie die Blockchain-Technologie für Regierungs Operationen, öffentliche Ausgaben und die Verteilung von Hilfeleistungen nutzen. Zu den möglichen Vorteilen dieses Anwendungsfalls gehören eine bessere Regierungsführung, mehr Investitionen und ein beschleunigtes Wirtschaftswachstum.

Über seinen Status als digitale Währung hinaus spielt Bitcoin eine wichtige Rolle in Entwicklungsländern. Einzelpersonen in unterentwickelten Volkswirtschaften werden durch die dezentrale Struktur, die günstigen Transaktionskosten und die internationale

Zugänglichkeit gestärkt, was die finanzielle Inklusion fördert, grenzüberschreitende Transaktionen erleichtert und unternehmerische Aktivitäten fördert. Entwicklungsländer können herkömmliche Bankinstitute umgehen und die Chancen dieser bahnbrechenden Technologie nutzen, indem sie das Potenzial von Bitcoin nutzen. Der Einfluss von Bitcoin in den Entwicklungsländern wird mit seiner Weiterentwicklung und zunehmender Verbreitung zunehmen, das Wirtschaftswachstum fördern, die Armut verringern und es den Menschen ermöglichen, eine bessere Zukunft zu schaffen.

Kapitel XII: Umgang mit Kritik und Kontroversen

Häufige Kritikpunkte an Bitcoin

Bitcoin, die erste Kryptowährung, hat das Finanzsystem durcheinander gebracht und große Aufmerksamkeit in den Medien auf sich gezogen. Bitcoin ist nicht immun gegen Kritik, obwohl es in letzter Zeit eine große Akzeptanz und Nutzung erfahren hat. In diesem Abschnitt werden die wichtigsten Einwände gegen Bitcoin untersucht und eine Analyse der Schwierigkeiten und Standpunkte im Zusammenhang mit seiner Technologie, Skalierbarkeit, Umweltauswirkungen, Volatilität und regulatorischen Fragen bereitgestellt. Indem wir uns dieser Probleme bewusst werden, können wir eine ganzheitliche Perspektive auf die anhaltende Diskussion um Bitcoin und die potenziellen Einschränkungen der Kryptowährung gewinnen.

Die technologischen Einschränkungen und Skalierbarkeit Probleme von Bitcoin sind zwei der häufigsten Beschwerden gegen die Kryptowährung. Das ursprüngliche Bitcoin-Netzwerk hatte aufgrund der vielen auftretenden Probleme Schwierigkeiten, eine große Anzahl von Transaktionen effizient abzuwickeln. Die begrenzte Blockgröße und die langsameren Bestätigungsseiten sind laut diejenigen, die skeptisch gegenüber der Lebensfähigkeit von Bitcoin als weltweites Zahlungssystem sind, ein Hindernis für eine breitere Einführung der Kryptowährung. Allerdings zielen fortlaufende Versuche zur Lösung der Skalierbarkeit, wie beispielsweise die Implementierung des Lightning Network, darauf ab, diese Einschränkungen zu überwinden und die Transaktion Kapazität von Bitcoin zu steigern. Diese Bemühungen zielen darauf ab, Skalierbarkeit Probleme anzugehen.

Der Prozess des „Bitcoin-Mining" besteht darin, Transaktionen zu authentifizieren und zur Blockchain hinzuzufügen, erfordert eine erhebliche Menge an Rechenleistung und verbraucht eine erhebliche Menge an Energie. Da die meisten Bergbaubetriebe auf nicht erneuerbare Energiequellen angewiesen sind, behaupten Kritiker, dass die energieintensive Natur des Bitcoin-Bergbaus erhebliche negative Auswirkungen auf die Umwelt habe. Dies gilt insbesondere, wenn man bedenkt, dass die meisten Bergbaubetriebe auf fossile Brennstoffe angewiesen sind. Befürworter von Bitcoin sagen jedoch, dass die negativen Auswirkungen auf die Umwelt im Laufe der Zeit

durch die Nutzung erneuerbarer Energiequellen und die Entwicklung
energieeffizienter Bergbau Methoden abgemildert werden können.

Der Preis von Bitcoin ist bekanntermaßen instabil, da in relativ kurzen Zeiträumen
große Veränderungen auftreten. Diese Volatilität wird manchmal als Kritik an Bitcoin
hervorgehoben. Einige Leute glauben, dass Bitcoin aufgrund der Preisvolatilität sein
Potenzial als sichere Form des Vermögens Aufbewahrung nicht ausschöpfen kann
und daher die weitverbreitete Nutzung von Bitcoin erschwert. Darüber hinaus hat der
hochspekulative Charakter von Bitcoin Anlass zur Besorgnis über
Preismanipulationen und die Instabilität des Marktes gegeben. Befürworter betrachten
die Volatilität von Bitcoin jedoch als normales Merkmal einer aufstrebenden
Anlageklasse und unterstreichen das Potenzial der Kryptowährung als langfristiges
Anlageinstrument. Sie glauben, dass der Wert von Bitcoin weiter steigen wird.

Es wurden Bedenken hinsichtlich der Möglichkeit geäußert, dass Bitcoin aufgrund
seines dezentralen Charakters und der pseudonymen Natur seiner Transaktionen für
illegale Operationen verwendet werden könnte. Manche Leute denken, dass die
Anonymität es Menschen leichter macht, sich an illegalen Aktivitäten wie Geldwäsche
und Steuerhinterziehung zu beteiligen. Darüber hinaus hat das Fehlen einer
umfassenden Regulierung und Überwachung in einer Reihe unterschiedlicher
Rechtsordnungen zu Regulieren Problemen geführt. Befürworter von Bitcoin
argumentieren jedoch, dass die zugrunde liegende Blockchain-Technologie die
Einhaltung gesetzlicher Vorschriften und die Rückverfolgbarkeit verbessern kann, was
sie zu einem potenziell nützlichen Instrument für die Bekämpfung illegaler
Finanzaktivitäten macht.

Da es sich bei Bitcoin nicht um ein physisches Objekt handelt, wird sein Wert an sich
von Kritikern angezweifelt. Hinter Bitcoin stehen keine materiellen Vermögenswerte
und es wird im Gegensatz zu traditionellen Vermögenswerten wie Gold und
Immobilien nicht von einer zentralen Stelle verwaltet. Gegner behaupten, dass sein
Wert vollständig von spekulativen Annahmen und dem Vertrauen seiner Nutzer
abhängt, was ihn anfällig für Änderungen der Marktstimmung und die Möglichkeit
von Preisblasen macht. Befürworter von Bitcoin behaupten jedoch, dass die
Kryptowährung ihren Wert aus ihrem begrenzten Angebot, den Netzwerkeffekten,
die sie erzeugt, ihr Potenzial, etablierte Finanzsysteme zu stören, und ihre
Verwendbarkeit als Tauschmittel ergibt.

Die Benutzerfreundlichkeit von Bitcoin und das Benutzererlebnis werden in Frage gestellt, da sie als Hindernisse für die allgemeine Einführung der Kryptowährung angesehen werden. Für Anfänger kann die Komplexität von Kryptowährungen-Wallets, der Schlüsselverwaltung und den Transaktionsprozessen sehr einschüchternd sein. Es wurden auch Bedenken hinsichtlich der Benutzerfreundlichkeit der Schnittstellen, des Sicherheitsniveaus und der Wahrscheinlichkeit von Fehlern durch Benutzer geäußert. Dennoch werden fortlaufend Versuche unternommen, Benutzeroberflächen zu verbessern, benutzerfreundliche Anwendungen zu erstellen und Bildungsressourcen zu erweitern, um diese Schwierigkeiten anzugehen und Bitcoin für die breite Öffentlichkeit zugänglicher zu machen.

Das revolutionäre digitale Geld Bitcoin hat seit seiner Einführung sowohl Lob als auch Kritik auf sich gezogen. Auch wenn es eine Reihe beeindruckender Meilensteine erreichthatundeinetreibendeKrafthinterInnovationenimFinanzsektorwar,istes wichtig, die vielen Kritikpunkte, die Bitcoin umgeben, zu erkennen und zu untersuchen. Es wurden eine Reihe wichtiger Einwände gegen Kryptowährungen geäußert, darunter die folgenden: technologische Einschränkungen, Probleme hinsichtlich der Skalierbarkeit, Auswirkungen auf die Umwelt, Volatilität, regulatorische Herausforderungen, vermeintlich mangelnder intrinsischer Wert und Nutzungsbarrieren. Die Bitcoin-Community hat die Fähigkeit, kontinuierliche Verbesserungen voranzutreiben, die Akzeptanz zu steigern und den Weg in eine integrative und nachhaltigere Zukunft für Kryptowährungen zu planen, wenn sie einen konstruktiven Diskurs führt und diese Bedenken anspricht. Letztendlich kann das Potenzial von Bitcoin nur durch eine offene Diskussion und kritische Analyse des aktuellen Zustands der Kryptowährung voll ausgeschöpft werden.

Berücksichtigung von Umweltbelangen

Bitcoin, die erste Kryptowährung, die jemals geschaffen wurde, hat nicht nur aufgrund der Tatsache, dass sie herkömmliche Finanzinstitute stören kann, sondern auch aufgrund ihrer Auswirkungen auf die Umwelt große Aufmerksamkeit erregt. Für das Bitcoin-Mining wird viel Energie benötigt, und der daraus resultierende CO2-Fußabdruck hat Fragen zur langfristigen Rentabilität der Kryptowährung aufgeworfen. In diesem Abschnitt werden die mit Bitcoin verbundenen Umweltbedenken sowie die aktuellen Bemühungen zur Lösung dieser Bedenken untersucht. Wir sind in der Lage, ein umfassendes Bild der Maßnahmen zu erhalten, die zur Reduzierung des von Bitcoin hinterlassenen ökologischen Fußabdrucks ergriffen werden, indem wir Untersuchungen zum aktuellen Stand des Einflusses von Bitcoin auf die Umwelt durchführen, nachhaltige Bergbau Prozesse untersuchen und die Rolle erneuerbarer Energien berücksichtigen Energie spielt.

Das Mining von Bitcoin, also der Prozess der Überprüfung von Transaktionen und der Gewährleistung der Sicherheit des Netzwerks, erfordert eine erhebliche Menge an Rechenleistung. Es wurden Bedenken hinsichtlich der Auswirkungen geäußert, die Bitcoin aufgrund der für die Verarbeitung von Transaktionen erforderlichen Energiemenge auf die Umwelt haben wird. Einige Leute sind der Meinung, dass die für den Abbau von Bitcoin erforderliche Energiemenge in keinem Verhältnis zum Wert der Kryptowährung steht, und fragen sich, ob dieser auf lange Sicht aufrechterhalten werden kann oder nicht.

Die Art der verwendeten Energie hat einen erheblichen Einfluss auf den gesamten CO2-Fußabdruck des Bitcoin-Mining-Betriebs. In Regionen der Welt, in denen Strom aus fossilen Brennstoffen wie Kohle oder Erdgas erzeugt wird, kann der Abbau von Bitcoins erhebliche Mengen an Kohlenstoff-Emissionen verursachen. Die Umweltauswirkungen von Bitcoin sollen laut seinen Kritikern noch schlimmer werden, weil die Kryptowährung auf Energiequellen angewiesen ist, die nicht erneuerbar sind.

Der Abbau von Bitcoins kann einen negativen Einfluss auf die Umwelt haben, weshalb derzeit Bestrebungen unternommen werden, umweltfreundlichere Abbauverfahren zu entwickeln. Eine Möglichkeit ist die Nutzung natürlich nachwachsender Energiequellen. Bergleute in Gebieten mit reichlich erneuerbaren Energiequellen, darunter Wasserkraft, Solar- oder Windkraft, haben Anstrengungen unternommen, ihre Bergbaubetriebe mit sauberen Energiequellen zu betreiben. Die Einführung alternativer Energieformen hat das Potenzial, den CO2-Fußabdruck des Bitcoin-Minings erheblich zu verringern.

Das Ziel von Projekten, die als „Green Mining" bekannt sind, besteht darin, umweltfreundlicheres Verhalten im Bitcoin-Mining-Sektor zu fördern. Die Einführung energieeffizienter Geräte, die Optimierung von Bergbau Prozessen und die Erforschung erneuerbarer Energiequellen werden durch diese Projekte gefördert. Diese Projekte tragen zu einem nachhaltigeren Bitcoin-Ökosystem bei, indem sie den

Einsatz von Mining-Hardware fördern, die Energie effizienter nutzt, und finanzielle Anreize für die Einführung umweltfreundlicherer Geschäftspraktiken bieten.

Die Nutzung alternativer Energiequellen hat das Potenzial, die negativen Auswirkungen des Bitcoin-Minings auf die Umwelt zu verringern. Die Nutzung alternativer Energiequellen wie Solar- und Windkraft wird aufgrund der technologischen Fortschritte in diesem Bereich und des allgemeinen Trends zu niedrigeren Preisen für diese Art von Energie für Bergbaubetriebe zunehmend zu einer praktikablen Option. Bergleute können auf verschiedene Weise zur Dekarbonisierung des Bitcoin-Minings beitragen, einschließlich der Nutzung überschüssiger Energie aus erneuerbaren Quellen oder der Bildung von Partnerschaften mit Projekten für erneuerbare Energien.

Neben dem Einsatz erneuerbarer Energiequellen können auch Verbesserungen der Bergbau-Effizienz zur Lösung von Umweltproblemen beitragen. Die Entwicklung von Mining-Hardware, die hinsichtlich des Energieverbrauchs effizienter ist, wie beispielsweise anwendungsspezifische integrierte Schaltkreise (ASICs), hat zu einer enormen Steigerung der Rechen Effizienz des Bitcoin-Minings geführt. Darüber hinaus haben Entwicklungen bei Kühlsystemen und Optimierungsalgorithmen das Potenzial, den Energiebedarf für den Bergbau zu senken und gleichzeitig die Effizienz des Prozesses zu steigern.

CO2-Ausgleichsprogramme haben das Ziel, die CO2-Emissionen, die durch den Abbau von Bitcoins entstehen, zu reduzieren oder zu eliminieren. Die Bitcoin-Community hat das Potenzial, einen direkten Beitrag zur Erhaltung einer gesunden natürlichen Umwelt zu leisten, wenn sie sich beispielsweise dafür entscheidet, Programme zur Wiederaufforstung von Land oder zur Förderung der Nutzung erneuerbarer Energiequellen finanziell zu unterstützen. Der CO2-Ausgleich ist eine Möglichkeit, das Engagement für die Reduzierung der Umweltauswirkungen des Bitcoin-Minings zu demonstrieren und gleichzeitig ein Mittel zum Ausgleich des durch den Mining verursachten CO2-Fußabdrucks bereitzustellen.

Die laufende Forschung und Innovation sind notwendige Bestandteile der Bemühungen, die Umweltbedenken im Zusammenhang mit Bitcoin anzugehen. Initiativen zur Förderung der Zusammenarbeit zwischen Forschern, Bergleuten und Umwelt-Spezialisten können den Weg für die Schaffung umweltfreundlicherer Bergbau Prozesse, die Verbesserung energieeffizienter Technologien und eine größere

Offenheit hinsichtlich der Umweltauswirkungen von Bitcoin ebnen. Darüber hinaus könnte die Erweiterung des Wissens über die Wechselwirkung zwischen Blockchain-Technologie und ökologischer Nachhaltigkeit dazu beitragen, die Umsetzung umweltfreundlicherer Lösungen voranzutreiben.

Auch wenn Grund zur Besorgnis über die Auswirkungen des Bitcoin-Minings auf die Umwelt besteht, hat die Bitcoin-Community die Notwendigkeit erkannt, Maßnahmen zu ergreifen, und sucht aktiv nach möglichen Lösungen. Die schädlichen Auswirkungen von Bitcoin auf die Natur können durch den Einsatz umweltfreundlicher Bergbau Techniken, die Nutzung erneuerbarer Energiequellen,

die
Entwicklung energie effizienterer Hardware und die Teilnahme an Programmen zum Ausgleich von CO2-Emissionen verringert werden. Das Bitcoin-Ökosystem kann sich an globalen Nachhaltigkeitszielen ausrichten, indem es einen Schwerpunkt auf Nachhaltigkeit legt, Innovationen fördert und an Gemeinschaftsinitiativen teilnimmt. Dies wird es dem Ökosystem ermöglichen, weiterhin Finanzinnovationen voranzutreiben und Menschen auf der ganzen Welt zu stärken. Die Zukunft von Bitcoin liegt in der Konvergenz von Technologie, Nachhaltigkeit und verantwortungsvollen Bergbau Techniken. Dadurch wird sichergestellt, dass Bitcoin weiterhin an der Spitze der digitalen Revolution steht und gleichzeitig seine Auswirkungen auf die Umwelt verringern wird.

Entlarvung gängiger Mythen über Bitcoin

Bitcoin, die erste dezentrale Kryptowährung, die jemals geschaffen wurde, hat das Interesse von Einzelpersonen, Unternehmen und Investoren auf der ganzen Welt geweckt. Andererseits ist es auch Gegenstand vieler Mythologien und Missverständnisse geworden. Durch die Darstellung wahrer und korrekter Informationen soll dieser Abschnitt einige der am weitesten verbreiteten Missverständnisse über Bitcoin ausräumen. Durch die Entlarvung dieser Mythen erhalten wir möglicherweise ein genaueres Wissen über die wahre Natur von Bitcoin sowie über sein Potenzial und seine Rolle bei der Veränderung der Finanz Landschaft.

Eines der häufigsten Missverständnisse über Bitcoin ist, dass seine Hauptanwendung in illegalen Transaktionen liegt. Trotz der Tatsache, dass die Anonymität, die Bitcoin bietet, einige Leute dazu veranlasst hat, es mit Transaktionen mit illegalen Aktivitäten in Verbindung zu bringen, ist die Realität, dass die meisten Bitcoin-Transaktionen völlig unvertretbar sind. Da es eine transparente Technologie namens Blockchain verwendet, ist Bitcoin weniger anonym als Bargeld, da es eine Rückverfolgbarkeit ermöglicht. Es hat sich gezeigt, dass die Blockchain-Analyse von Strafverfolgungsbehörden erfolgreich zur Verfolgung illegaler Vorgänge eingesetzt werden kann, was das Potenzial von Bitcoin für den Einsatz bei der Bekämpfung krimineller Aktivitäten verdeutlicht.

Ein solches Missverständnis besteht darin, dass Bitcoin eine Spekulationsblase ist, die irgendwann platzen wird, ähnlich wie andere Finanzblasen, die es zuvor gab. Trotz der Tatsache, dass der Preis von Bitcoin recht volatil war, ist der Wert von Bitcoin auf lange Sicht im Laufe der Zeit langsam gestiegen. Das zugrunde liegende Vertrauen in das Potenzial von Bitcoin als Wertaufbewahrungsmittel und Tauschmittel zeigt sich in der schnellen Akzeptanz der Kryptowährung durch einzelne Benutzer, institutionelle Anleger und Unternehmen. Da es sich um eine neue Anlageklasse handelt, wird der Reifungsprozess unweigerlich mit einer Marktvolatilität einhergehen, wie sie bereits beobachtet wurde.

Es gibt ein weit verbreitetes Missverständnis, dass Bitcoin irgendwie mit Schneeballsystemen oder anderen Arten von Betrug in Verbindung steht. Aber Bitcoin selbst ist weder ein Schneeballsystem noch ein Betrug an sich. Es handelt sich um eine Peer-to-Peer-Digitalwährung auf Blockchain-Basis, die unabhängig von einer zentralen Behörde funktioniert. Ponzi-Systeme und Betrügereien nutzen möglicherweise Bitcoin als Tauschmittel, es handelt sich hierbei jedoch um zwei sehr unterschiedliche Arten von Systemen. Es ist unbedingt erforderlich, zwischen der zugrunde liegenden Technologie und den Möglichkeiten, wie sie von betrügerischen Akteuren missbraucht werden könnte, zu unterscheiden.

Es herrscht die weitverbreitete Überzeugung, dass die einzigen Menschen, die Bitcoin nutzen können, diejenigen sind, die sich mit Technologie auskennen. Obwohl eine gewisse Vertrautheit mit digitalen Technologien erforderlich sein kann, um die technischen Nuancen von Bitcoin zu verstehen, haben benutzerfreundliche Wallets und Plattformen es für Menschen mit geringen oder keinen technischen Kenntnissen einfacher gemacht, Bitcoin zu kaufen, zu speichern und zu verwenden. Durch die Verbreitung von Bildungsressourcen und benutzerfreundlichen Schnittstellen wird der Zugang zu Bitcoin auch für ein breiteres Publikum zugänglicher.

Die mit Bitcoin verbundene hohe Volatilität wird häufig als Hindernis für den Einsatz von Bitcoin für alltägliche Transaktionen genannt. Obwohl der Preis von Bitcoin einer erheblichen Volatilität unterliegt, wurde dieses Problem durch das Aufkommen von Stablecoins und Zahlungsabwicklern gemildert. Während Stablecoins, die an Fiat-Währungen gebunden sind, darauf abzielen, alltägliche Transaktionen vorhersehbarer zu machen, rechnen Zahlungsabwickler Bitcoin sofort in die Währung des Landes des Empfängers um und reduzieren so die Auswirkungen von Preisvolatilität. Diese Lösungen ermöglichen es Privatpersonen und Unternehmen, Bitcoin völlig beruhigt für ihre täglichen Transaktionen zu nutzen.

Es ist eine weit verbreitete Überzeugung, dass Bitcoin keinen inhärenten Wert hat und dass sein Wert nur durch Spekulation bestimmt werden kann. Der Wert von Bitcoin hingegen ergibt sich nicht nur aus seinem Nutzen als dezentrale digitale Währung, sondern auch aus der Technologie, die ihm zugrunde liegt, der sogenannten Blockchain. Der inhärente Wert von Bitcoin lässt sich auf eine Reihe von Faktoren zurückführen, darunter sein begrenztes Angebot, seine Sicherheitsmerkmale, seine mögliche Verwendung als Tauschmittel und Vermögens Aufbewahrungsmittel sowie seine Fähigkeit, internationale Finanztransaktionen zu beschleunigen. Das

Wertversprechen von Bitcoin wird durch die Tatsache weiter gestärkt, dass es effektiv als zensur resistenter und grenzenloser digitaler Vermögenswert eingesetzt werden kann.

Ein weiterer Mythos über Bitcoin besagt, dass es aufgrund des energieintensiven Mining-Betriebs negative Auswirkungen auf die Umwelt hat. Auch wenn es stimmt, dass der Abbau von Bitcoin viel Energie verbraucht, ignoriert das Argument, dass Bitcoin schädlich für die Umwelt sei, die Tatsache, dass es bereits laufende Bemühungen gibt, dieses Problem anzugehen. Die Nachhaltigkeit des Netzwerks wird durch die zunehmende Nutzung erneuerbarer Energiequellen durch Bergleute sowie durch Fortschritte bei der energieeffizienten Bergbau-Hardware verbessert. Darüber hinaus müssen die Umweltauswirkungen konventioneller Bankensysteme sowie des Goldabbaus im weiteren Rahmen des Energieverbrauchs berücksichtigt werden.

Es ist wichtig, weit verbreitete Missverständnisse über Bitcoin auszuräumen, um ein genaues Verständnis dieser bahnbrechenden Technologie zu entwickeln und fundierte Gespräche darüber zu ermöglichen. Wir können das wahre Wertversprechen von Bitcoin besser verstehen, wenn wir häufige Missverständnisse über die Kryptowährung ausräumen, beispielsweise hinsichtlich ihrer Beteiligung an illegalen Aktivitäten, ihres langfristigen Potenzials, ihrer Zugänglichkeit, ihrer Volatilität, ihres inneren Werts und ihres Einflusses auf die Umgebung. Einzelpersonen und Unternehmen erhalten die Fähigkeit, fundierte Entscheidungen zu treffen, zur Entwicklung von Bitcoin beizutragen und an der fortlaufenden digitalen Transformation unserer globalen Finanzsysteme teilzunehmen, wenn sie über ein solides Verständnis der Technologie verfügen, die Bitcoin zugrunde liegt, der von ihm unterstützten Anwendungsfälle usw sein Potenzial, den aktuellen Zustand der Finanz Landschaft radikal zu verändern.

Abschluss

Zusammenfassung des Potenzials und der Herausforderungen von Bitcoin

Die Welt wurde von Bitcoin, der ersten Kryptowährung, angezogen, weil sie das Potenzial hat, Finanzsysteme zu verändern und den Menschen mehr Macht zu geben. Bitcoin hat im Laufe seines Bestehens ein außergewöhnliches Wachstum erlebt, eine breite Akzeptanz erlangt und war mit einer Vielzahl von Schwierigkeiten konfrontiert. Dieser Abschnitt gibt einen ausführlichen Überblick über das Potenzial und die Schwierigkeiten von Bitcoin und untersucht, wie es das Finanzwesen revolutioniert hat, welche Hindernisse ihm begegnet sind und welche kontinuierlichen Bemühungen es zu überwinden gilt. Wir können mehr über den zukünftigen Verlauf dieses bahnbrechenden digitalen Geldes erfahren, indem wir das Potenzial von Bitcoin verstehen und seine Schwierigkeiten angehen.

I. Das Potenzial von Bitcoin, das traditionelle Finanzwesen zu stören

Bitcoin hat in vielerlei Hinsicht das Potenzial, das konventionelle Finanzwesen zu revolutionieren:

Finanzielle Inklusion: Bitcoin ermöglicht Menschen mit und ohne Bankverbindung durch die Bereitstellung von Finanzdienstleistungen Zugang zu Ersparnissen, Zahlungen und Überweisungen.

Grenzüberschreitende Transaktionen: Durch den Wegfall von Zwischenhändlern und die Senkung der Transaktionskosten ermöglicht Bitcoin schnellere und kostengünstigere grenzüberschreitende Transaktionen.

Dezentralisierung: Durch den Wegfall der Notwendigkeit zentraler Behörden ermöglicht die dezentrale Natur von Bitcoin ein gerechteres und offenes Finanzsystem.

Mikrozahlungen und neue Geschäftsmodelle: Da Bitcoin Mikrozahlungen unterstützt, öffnet es die Tür für kreative Geschäftsstrategien und völlig neue Einnahmequellen für Dienstleister und Content-Produzenten.

II. *Herausforderungen für Bitcoin*

Damit Bitcoin weit verbreitet wird, muss es eine Reihe von Hindernissen überwinden:

Skalierbarkeit: Es gibt Beschränkungen hinsichtlich der Anzahl der Transaktionen, die das Netzwerk pro Sekunde ausführen kann, was die Skalierung des Bitcoin-Netzwerks zu einem dauerhaften Problem macht. Das Lightning Network ist ein Ansatz zur Lösung dieses Problems.

Regulatorisches Umfeld: Die breite Akzeptanz von Bitcoin stößt aufgrund des sich ändernden regulatorischen Umfelds auf Hindernisse. Um Innovationen zu fördern und gleichzeitig Probleme im Zusammenhang mit Verbraucherschutz und Finanzkriminalität anzugehen, sind klare Regelungen und faire Rahmenbedingungen unerlässlich.

Volatilität und Preisstabilität: Die Preisvolatilität von Bitcoin hat es schwierig

gemacht,
es als zuverlässiges Zahlungsmittel und sicheren Geldhaufen zu nutzen. Damit Bitcoin allgemein akzeptiert wird und die Menschen ihm als Währung vertrauen, muss Preisstabilität erreicht werden.

Sicherheit und Datenschutz: Obwohl die von Bitcoin verwendete Blockchain-Technologie die Transparenz fördert, ist die Aufrechterhaltung der Privatsphäre und Sicherheit der Benutzer Gelder weiterhin eine schwierige Aufgabe. Um Vertrauen aufzubauen, müssen die Wallet-Sicherheit, die Benutzeraufklärung und die Lösung von Datenschutzproblemen verbessert werden.

III. *Lösungen und Innovationen*

Es sind Initiativen in Arbeit, um die Probleme von Bitcoin anzugehen und sein Potenzial auszuschöpfen:

Skalierbarkeit Lösungen: Die Erhöhung der Transaktion Kapazität, die Senkung der Gebühren und die Verbesserung der Skalierbarkeit sind die Ziele der Entwicklung von Layer-2-Lösungen wie dem Lightning Network.

Institutionelle Akzeptanz: Das wachsende institutionelle Interesse an und die Investitionen in Bitcoin beeinflussen die Schaffung neuer Finanzprodukte, Vorschriften und Infrastrukturen, die die Marktstabilität und Liquidität erhöhen.

Datenschutz-Verbesserungen: Der Datenschutz und die Fungibilität von Bitcoin-Transaktionen werden durch Innovationen wie Datenschutz- orientierte Protokolle und Technologien wie CoinJoin and Confidential Transactions verbessert.

Aufklärung und Benutzererfahrung: Damit Bitcoin weit verbreitet ist, müssen Benutzer über ihre Vorteile, Risiken und Best Practices informiert werden. Eine angenehme Benutzererfahrung wird durch Lehrressourcen, benutzerfreundliche Schnittstellen und verbesserte Wallet-Sicherheit ermöglicht.

IV. Zusammenarbeit und Industriestandards

Um Probleme zu überwinden und das volle Potenzial von Bitcoin auszuschöpfen, ist die Zusammenarbeit zwischen Branchen Akteuren, Regulierungsbehörden und politischen Entscheidungsträgern unerlässlich:

Regulierungsrahmen: Eine offene Kommunikation mit politischen Entscheidungsträgern und Regulierungsbehörden kann die Schaffung ausgewogener Regulierungsrahmen fördern, die Innovationen ermöglichen und gleichzeitig Fragen des Verbraucherschutzes, der Marktstabilität und der Finanzkriminalität angehen. Industriestandards: Die Festlegung von Industriestandards für Sicherheit,

Datenschutz

und Interoperabilität kann das Vertrauen stärken, die Kommunikation von Bitcoin-Diensten untereinander erleichtern und eine weit verbreitete Nutzung förder n.

Interdisziplinäre Analyse: Die Zusammenarbeit von akademischen, technologischen, wirtschaftlichen und politischen Spezialisten kann zu interdisziplinären Studien und Analysen führen, die sich mit den komplexen Problemen und möglichen sozialen Auswirkungen von Bitcoin befassen.

Bitcoin hat das Potenzial, Gelder zu verändern und den Menschen mehr Macht zu geben, aber es wird schwierig sein, es von der breiten Öffentlichkeit akzeptiert zu bekommen. Zu den Herausforderungen gehören die Bewältigung von Skalierbarkeit, Regulierung, Preisstabilität, Sicherheit und Datenschutz. Doch kontinuierliche Initiativen zur Bewältigung dieser Probleme sowie technologische Fortschritte und Kooperationsstrategien legen den Grundstein für die weitere Expansion und Weiterentwicklung von Bitcoin. Wir können die transformative Kraft dieser bahnbrechenden digitalen Währung freisetzen und eine integrative, transparentere und dezentrale Finanz Zukunft schaffen, indem wir das Potenzial von Bitcoin verstehen und seine Probleme proaktiv lösen.

Ermutigung zum verantwortungsvollen Umgang mit Bitcoin

Die ursprüngliche Kryptowährung Bitcoin bietet Nutzern eine besondere Möglichkeit, an der dezentralen digitalen Wirtschaft teilzunehmen. Angesichts der zunehmenden Akzeptanz und Beliebtheit von Bitcoin ist es von entscheidender Bedeutung, ethisches Engagement zu fördern, um potenzielle Vorteile zu maximieren und gleichzeitig die Risiken zu minimieren. Indem dieser Abschnitt Einblicke in wichtige Anliegen, Best Practices und Strategien bietet, mit denen Menschen über die mit dieser bahnbrechenden Technologie verbundenen Vorteile und Risiken verhandeln können, soll ein verantwortungsvoller Umgang mit Bitcoin gefördert werden.

I. Bildung und Verständnis

Die Grundlage für den richtigen Umgang mit Bitcoin ist Wissen und Verständnis:

Recherche: Führen Sie umfangreiche Recherchen durch, um die Grundlagen, zugrunde liegenden Technologien und potenziellen Anwendungen von Bitcoin zu verstehen. Erfahren Sie mehr über die Vorteile, Gefahren und das sich ändernde regulatorische Umfeld.

Bleiben Sie auf dem Laufenden: Behalten Sie ein aktuelles Verständnis von Bitcoin bei, indem Sie zuverlässige Websites, Nachrichten, Anwendungen und Fachzeitschriften nutzen. Auf diese Weise können Sie sicherstellen, dass Sie über die neuesten Fortschritte und Erkenntnisse informiert sind, die Sie bei Ihrer Wahl unterstützen können.

II. Risikomanagement

Bei der Verwendung von Bitcoin ist Risikomanagement unerlässlich:

Risikobewertung: Seien Sie sich der von Bitcoin ausgehenden Risiken bewusst, wie z. B. Preisvolatilität, potenzielle Sicherheitsprobleme, Unvorhersehbarkeit von Vorschriften und Betrüger. Bestimmen Sie Ihre Risikotoleranz und passen Sie Ihre Anlageallokation an.

Diversifikation: Investieren Sie nicht Ihr gesamtes Geld in Bitcoin. Um das Risiko zu verringern, übermäßigen Schwankungen des Bitcoin-Preises ausgesetzt zu sein, diversifizieren Sie Ihr Portfolio über andere Anlageklassen, einschließlich Aktien, Anleihen und andere Kryptowährungen.

Sichere Aufbewahrung: Um Ihre Bitcoin-Bestände zu schützen, ergreifen Sie strenge Sicherheitsmaßnahmen. Verwenden Sie Hardware-Wallets, Zwei-Faktor-Authentifizierung, sichere Passwörter und bewahren Sie Backups der Wiederherstellung Phrasen oder private Schlüssel für Ihr Wallet an sicheren Orten auf.

III. Strategien für verantwortungsvolles Investieren

Die Aufrechterhaltung verantwortungsvoller Anlage Praktiken reduziert das finanzielle
Risiko:

Setzen Sie sich erreichbare Ziele: Legen Sie konkrete Anlageziele fest, die Ihren finanziellen Verhältnissen, Ihrer Risikotoleranz und Ihren langfristigen Ambitionen entsprechen. Vermeiden Sie es, vorschnelle Entscheidungen zu treffen oder vorübergehenden Markttrends zu folgen.
Dollar-Cost-Averaging: Denken Sie über die Verwendung einer Dollar-Cost-Averaging-Technik nach, bei der Sie regelmäßig einen festgelegten Betrag in Bitcoin investieren. Diese Strategie verringert das Risiko, zum falschen Zeitpunkt zu investieren, und trägt dazu bei, die Auswirkungen der Marktvolatilität abzumildern.
Langfristige Perspektive: Nehmen Sie bei einer Investition in Bitcoin eine langfristige Perspektive ein. Konzentrieren Sie sich auf das Potenzial der Technologie und ihre Rolle bei der schrittweisen Umgestaltung der Finanz-Landschaft und nicht auf die Volatilität, die der Bitcoin-Preis ertragen könnte.

IV. Privatsphäre und Sicherheit

Bei der Verwendung von Bitcoin ist die Wahrung von Sicherheit und Datenschutz von
entscheidender Bedeutung:

Sichere Techniken: Stellen Sie sicher, dass Sie Ihre Antivirensoftware auf dem neuesten Stand halten und regelmäßig Sicherheitspatches bereitstellen, um Ihre Geräte zu schützen. Seien Sie vorsichtig bei Phishing-Betrügereien, zwielichtigen Websites und unzuverlässiger Software von Drittanbietern, die Ihre Bitcoin-Bestände gefährden könnten.

Überlegungen zum Datenschutz: Erkennen Sie, wie sich Bitcoin-Transaktionen auf den Datenschutz auswirken. Um den Datenschutz zu verbessern und die Rückverfolgbarkeit von Transaktionen zu verringern, sollten Sie über den Einsatz von Datenschutz fördernder Strategien wie Coin-Mixing oder Datenschutz orientierte Wallets nachdenken.

V. Verantwortungsvolle Interessenvertretung und gemeinschaftliches Engagement

Ein verantwortungsbewusstes Mitglied der Bitcoin-Community zu sein bedeutet, ein gesundes Ökosystem zu unterstützen und zu fördern:

Verantwortungsvolle Kommunikation: Fördern Sie den korrekten Informationsaustausch und informieren Sie die Menschen über das Potenzial, die Risiken und die ethische Verwendung von Bitcoin. Helfen Sie dabei, Missverständnisse auszuräumen, spekulative Aktivitäten zu verbieten und den Wert und das langfristige Potenzial von Bitcoin hervorzuheben.

Teilnahme an der Community: Nehmen Sie an vertrauenswürdigen Foren, Kongressen und Meetups teil, um mit der Bitcoin-Community zu interagieren. Schließen Sie sich mit Gleichgesinnten zusammen, um ethisches Verhalten voranzutreiben, Innovationen zu fördern und zum allgemeinen Wachstum des Bitcoin-Ökosystems beitragen.

VI. Einhaltung von Vorschriften

Verantwortungsvolles Handeln erfordert die Einhaltung regulatorischer Anforder ungen:

Beachten Sie die örtlichen Vorschriften: Halten Sie sich über die Gesetze zu Besitz, Handel, Besteuerung und Meldepflichten von Kryptowährungen in Ihrer Gerichtsbarkeit auf dem Laufenden. Befolgen Sie die gesetzlichen Standards, um sicherzustellen, dass Sie legal handeln.

Förderung von Gesetzesinitiativen: Förderung fairer und sachkundiger Regulierungssysteme, die Innovationen fördern, Verbraucher schützen und finanzielle Risiken verringern. Fördern Sie die Zusammenarbeit zwischen Branchen Akteuren,

Behörden und Entscheidungsträgern, um akzeptable Vorschriften für das Bitcoin-Geschäft zu schaffen.

Um das Potenzial und die Risiken dieser bahnbrechenden Technologie zu verstehen, ist ein verantwortungsvoller Umgang mit Bitcoin unerlässlich. Menschen können die potenziellen Vorteile von Bitcoin maximieren und gleichzeitig ihre finanziellen Interessen schützen, indem sie den Schwerpunkt auf Bildung legen, Risiken verstehen, verantwortungsvolle Anlagestrategien anwenden, Sicherheit und Privatsphäre wahren, sich an der Gemeinschaft beteiligen und regulatorische Anforderungen einhalten. Die Übernahme ethischen Engagements fördert ein gesundes und langlebiges Bitcoin-Ökosystem, unterstützt dessen fortlaufende Entwicklung und fördert die breitere Nutzung dezentraler digitaler Währungen.

Letzte Gedanken zur Zukunft von Bitcoin

Seit ihren Anfängen hat sich die innovative digitale Währung Bitcoin erheblich weiterentwickelt. Wenn wir auf seine Geschichte zurückblicken und über seine Zukunft spekulieren, ist es offensichtlich, dass Bitcoin herkömmliche Finanzsysteme revolutioniert, die Grenzen akzeptierter Paradigmen verschoben und eine Innovationswelle ausgelöst hat. In diesem Abschnitt wird das Potenzial von Bitcoin untersucht, das Finanzumfeld zu verändern, die Hindernisse, auf die es stoßen kann, und das revolutionäre Potenzial, das es besitzt.

I. Der Einfluss von Bitcoin auf die Zukunft des Finanzwesens

Das Potenzial von Bitcoin, die Finanz Landschaft zu verändern, umfasst Folgendes:

Finanzielle Inklusion: Bitcoin hat das Potenzial, den Zugang von Menschen ohne oder ohne Bankverbindung zu Finanzdienstleistungen zu verbessern und ihnen mehr Finanzkraft zu verleihen.

Dezentralisierung: Durch die Herausforderung der Macht zentralisierter Finanzinstitute fördert die dezentrale Natur von Bitcoin ein offenes und transparentes Finanz Ökosystem.

Grenzüberschreitende Transaktionen: Durch den Wegfall von Zwischenhändlern und die Verringerung der Reibung im internationalen Handel ermöglicht Bitcoin schnellere, sicherere und kostengünstigere grenzüberschreitende Transaktionen.

Dezentrale Anwendungen und Smart Contracts: Die Blockchain, die Technologie, die Bitcoin zugrunde liegt, bietet Zugang zu dezentralen Anwendungen und programmierbaren Verträgen, ermöglicht neue Geschäftsmodelle und revolutioniert eine Reihe von Sektoren.

II. Herausforderungen meistern

Trotz des enormen Potenzials von Bitcoin gibt es eine Reihe von Hindernissen, die überwunden werden müssen, damit es in Zukunft erfolgreich sein kann:

Skalierbarkeit: Die Erhöhung der Kapazität des Bitcoin-Netzwerks bei gleichzeitiger Aufrechterhaltung der Effizienz ist ein Hauptanliegen. Skalierbarkeit Probleme können durch die Weiterentwicklung von Konsens, Algorithmen, Layer-2-Protokollen und Off-Chain-Lösungen gelöst werden.

Regulatorisches Umfeld: Das regulatorische Umfeld, in dem Bitcoin agiert, ist komplex und dynamisch. Um Innovation mit angemessener Überwachung zu kombinieren und ein stabiles und sicheres Ökosystem zu fördern, müssen Branchenteilnehmer, Gesetzgeber und Regulierungsbehörden zusammenarbeiten.

Schulung und Benutzererfahrung: Für eine größere Akzeptanz ist es wichtig, die Schulung der Benutzer und die Benutzererfahrung zu verbessern. Um neue Nutzer zu gewinnen und verantwortungsvolles Engagement zu fördern, ist es von entscheidender Bedeutung, Lehrmaterialien, einfach zu bedienende Benutzeroberflächen und eine klare Kommunikation der Vorteile von Bitcoin bereitzustellen.

III. Technologische Fortschritte und Innovation

Die Entwicklung der Technologie wird entscheidend für die Richtung von Bitcoin sein:

Layer-Two-Lösungen: Durch die Implementierung von Layer-Two-Lösungen wie

dem

Lightning Network wird die Skalierbarkeit verbessert und schnellere, kostengünstigere Transaktionen ermöglicht, was Mikrotransaktionen und neue Anwendungsfälle förder t.

Datenschutz Verbesserungen: Durch die Balance zwischen Offenheit und Vertraulichkeit ermöglichen neue Technologien und Protokolle zum Schutz der

Privatsphäre den Menschen, ihre finanzielle Privatsphäre zu schützen und gleichzeitig rechtliche Verpflichtungen einzuhalten.

Interoperabilität und Standards: Interoperabilität und Innovation werden durch Verbesserungen der Interoperabilität, Protokolle und die Schaffung von Industriestandards erleichtert, die eine reibungslose Integration zwischen verschiedenen Blockchain-Netzwerken fördern.

IV. Zusammenarbeit und Mainstream-Akzeptanz

Um die Akzeptanz im Mainstream zu fördern, ist die Zusammenarbeit der Stakeholder unerlässlich:

Akzeptanz bei Institutionen: Die Beteiligung institutioneller Anleger, Unternehmen und Finanzinstitute nimmt zu, was der Marktstabilität, der Akzeptanz von Bitcoin als Anlageklasse und der Marktliquidität zugutekommt.

Klarheit in den Vorschriften: Klare und ausgewogene Regulierungsrahmen sorgen für rechtliche Klarheit, das Vertrauen der Anleger und die Möglichkeit verantwortungsvoller Innovation. Regulierungsbehörden, politische Entscheidungsträger und Wirtschaftsakteure können zusammenarbeiten, um Richtlinien zu entwickeln, die Probleme lösen und gleichzeitig Innovationen fördern.

Globale Zusammenarbeit: Der internationale Charakter von Bitcoin erfordert die Zusammenarbeit vieler Nationen und Regionen, um einheitliche Regulierungsrahmen zu schaffen, den Informationsaustausch zu verbessern und grenzüberschreitende Transaktionen zu erleichtern.

V. Die sozialen Auswirkungen akzeptieren

Es ist wichtig, darüber nachzudenken, wie sich Bitcoin im Laufe seiner Entwicklung auf die Gesellschaft auswirken wird:

Finanzielle Stärkung: Um wirtschaftliche Ungleichheit zu verringern und die wirtschaftliche Freiheit zu fördern, sollte die Fähigkeit von Bitcoin, finanzielle Autonomie zu schaffen und Einzelpersonen zu stärken, genutzt werden.

Umweltverträglichkeit: Um das Wachstum von Bitcoin mit nachhaltigen Praktiken und
erneuerbaren Energiequellen in Einklang zu bringen, sind kontinuierliche

Bemühungen zur Reduzierung des Energieverbrauchs und des CO2-Fußabdrucks der Kryptowährung unerlässlich.

Vermögensverteilung: Um angesichts der steigenden Bitcoin-Nutzung eine integrative und gerechtere Wirtschaft zu fördern, ist es von entscheidender Bedeutung, sicherzustellen, dass die Vermögensverteilung gerecht bleibt.

Die Zukunft von Bitcoin ist unglaublich vielversprechend, da es weiterhin das konventionelle Finanzsystem durcheinanderbringt und Türen für Menschen auf der ganzen Welt öffnet. Um das volle Potenzial von Bitcoin auszuschöpfen, müssen Hindernisse überwunden, technologische Innovationen angeregt, ethische Teilhabe gefördert und mit Regulierungsbehörden und Industriepartnern zusammengearbeitet werden. Um eine Zukunft zu gewährleisten, in der finanzielle Inklusion, Dezentralisierung und Innovation gedeihen, ist es von entscheidender Bedeutung, dass wir uns die revolutionären Fähigkeiten von Bitcoin zunutze machen und gleichzeitig seine Risiken angehen, während wir uns auf diesen Weg begeben. Wir können eine integrative, transparentere und widerstandsfähigere finanzielle Zukunft für künftige Generationen schaffen, indem wir die Leitprinzipien von Bitcoin übernehmen und sein Potenzial nutzen.

Vielen Dank, dass Sie unser Buch gekauft und gelesen/angehört haben. Wenn Sie dieses Buch nützlich/hilfreich finden, nehmen Sie sich bitte ein paar Minuten Zeit und hinterlassen Sie eine Bewertung auf der Plattform, auf der Sie unser Buch gekauft haben. Ihr Feedback ist uns sehr wichtig.

www.ingramcontent.com/pod-product-compliance
Lightning Source LLC
Chambersburg PA
CBHW070842160726
48004CB00001B/464